Frances Perry

Ein Garten voller Düfte

Frances Perry

Ein Garten voller Düfte

Fotos von Deni Bown

BLV

Die Deutsche Bibliothek – CIP-Einheitsaufnahme

Ein Garten voller Düfte / Frances Perry. Fotos von Deni Bown. [Übers. von Ilse Höger-Orthner]. – München; Wien; Zürich: BLV, 1992
Einheitssacht.: Scent in the garden <dt.>
ISBN 3-405-14049-8
NE: Perry, Frances; Bown, Deni; EST

Bild Seite 2:
Eine alte Bourbonrose 'Madame Isaac Pereire' unterbepflanzt mit duftenden Nelken

BLV Verlagsgesellschaft mbH
München Wien Zürich
8000 München 40

Titel der englischen Originalausgabe:
›Scent in the Garden‹

Gestaltung: Peter Wrigley

Übersetzung: Ilse Höger-Orthner

Umschlagentwurf: F & H Werbeagentur GmbH, München
Umschlagfotos:
vorn: Naturbild AG. Geduldig
hinten: Reinhard

Satz: Filmsatz Schröter GmbH, München
Druck und Bindung: Hongkong

Printed in Hongkong · ISBN 3-405-14049-8

Inhalt

Einführung

Duftende Narzissensorte 'Paper White'
Gegenüber: Sommergrüne Azaleen aus der Gruppe der Genter-Hybriden

Anything green that grew out of the mold, was an excellent herb to our fathers of old«, schrieb Rudyard Kipling, was soviel heißt, daß alle Pflanzen, die die Natur hervorbringt, von unseren Vorfahren als Nutzpflanzen angesehen wurden. Wann das erste Mal Pflanzen nur um ihres Duftes Willen kultiviert wurden, ist ziemlich unbekannt. Wir wissen allerdings, daß Düfte schon seit Menschengedenken geschätzt wurden. Der Geruchssinn ist einer unserer stärksten Sinne und eine sehr persönliche und individuelle Empfindung. Er spielt in unserem Leben eine bedeutende Rolle. Geruchssinn und Geschmackssinn sind eng miteinander verwandt und beeinflussen unser Wohlbefinden und unsere Stimmung. Beide lassen sich leicht stimulieren und manch geschickter Koch greift auf diese Eigenschaft zurück und gibt seinen Gerichten damit eine besondere Note.

Gärtner wissen natürlich den Reiz der Pflanzendüfte schon lange zu schätzen, und was wäre auch ein Garten ohne Duft. Ihm würde das gewisse »Etwas« fehlen. Gärtner in aller Welt sind sich einig in ihrer Liebe zu Duftpflanzen.

Nicht alle duftenden Pflanzen sind im Wohlgeruch und ihrer Intensität gleich. Sie können stark oder ganz zart duften, aufdringlich riechen oder fein sein, ganz ihrer Natur oder dem duftspendenden Teil entsprechend. Je nachdem, ob Blüten, Blätter, Rinde, Saft, Früchte oder Wurzeln duften, geben sie der Pflanze ihren besonderen Charakter.

Auch die Tageszeit spielt bei den Duftpflanzen eine nicht unbedeutende Rolle. So gibt es einige, die bei Sonnenaufgang am besten duften, andere wiederum brauchen die heißen Mittagsstunden, um ihren Wohlgeruch richtig zu entfalten, und einige extravagante schenken uns ihren betörenden Duft erst nachts, nach Einbruch der Dunkelheit.

Die Größe oder Frische einer Blüte ist weniger bedeutend für die Duftentfaltung und Qualität einer Duftpflanze. Manche süß duftende Blume ist sehr klein und zierlich, eventuell sogar ohne Blütenblätter, andere wiederum entwikkeln ihren Wohlgeruch erst nach dem Trocknen.

Glücklicherweise steht uns zur Anlage eines Duftgartens eine große Auswahl an Pflanzen aus allen Gartenbereichen zur Verfügung. Duftpflanzen gibt es bei Gehölzen ebenso wie bei Stauden und Einjahrespflanzen. Auch Steingarten- und Wasserpflanzen bringen duftende Sorten hervor. Selbst unter den ganz niedrigen Gewächsen, die sich gut als Rasenersatz eignen, haben viele einen sehr angenehmen Wohlgeruch und last but not least sind zahlreiche Zimmer- und Kübelpflanzen duftend.

Eine kurze Geschichte des Duftes

Rosa gallica officinalis

Duftstoffe wurden seit Menschengedenken in allen Ländern der Erde geschätzt. Die ältesten Beweise dafür finden wir in Ägypten. Hieroglyphen und Wandmalereien aus der Zeit um 2600–2100 v. Chr. bekunden, daß man bereits damals Wohlgerüche und Duftkräuter sehr liebte, und über deren Heilkraft recht gut Bescheid wußte.

Ein Monument, das zu Ehren des Pharao Sahure während jener Periode (ca. 2500 v. Chr.) errichtet wurde, berichtet nicht nur über den Import riesiger Mengen von Gold, Silber und Elfenbein, sondern auch von der Einfuhr von Myrrhe aus Punt, dem heutigen Somalia. Diesen würzigen Duftstoff benötigte man in erster Linie zum Einbalsamieren, aber auch zum Ausräuchern der Häuser und als Medikament. Die enormen Mengen reichten aber mit der Zeit nicht mehr aus, denn mit zunehmendem Bevölkerungswachstum stieg auch der Verbrauch an Myrrhe. Die ägyptische Königin Hatsheput schickte deshalb um ca. 1485 v. Chr. einige Pflanzenexperten mit fünf großen Segelschiffen nach Punt, um Jungpflanzen der kostbaren Myrrhe-Bäume für den königlichen Garten in Theben einzukaufen. Obwohl diese Reise vorwiegend ökonomischen Charakter hatte, gilt Hatsheput als die erste Pflanzensammlerin der Welt. Einige Zeit überlebten diese exotischen Bäume in dem veränderten Klima ihrer neuen Heimat, gingen aber schließlich zugrunde.

Der hohe Wert dieser Dufthölzer war vor allem ein Symbolischer, denn unangenehme Gerüche wurden im Altertum mit bösen Geistern in Verbindung gebracht, süße und wohlriechende Düfte hingegen standen in Zusammenhang mit Reinheit und Göttlichkeit. Die Ägypter der oberen Schichten räucherten ihre Häuser regelmäßig mit Weihrauch und anderen angenehm duftenden Substanzen aus, einerseits weil sie großen Gefallen daran fanden, aber auch um unangenehme menschliche Gerüche zu verdrängen. Demselben Zweck diente auch das Einbalsamieren. Dabei wurden die inneren Organe entfernt, der Körper mit süß duftenden Kräutern gereinigt und anschließend mit lange anhaltenden Duftessenzen ausgekleidet.

Die beiden wichtigsten Duftstoffe der Antike waren Weihrauch und die bereits erwähnte Myrrhe. Letztere erhält man aus einem dornigen immergrünen Strauch, *Commiphora myrrha*, der in Äthiopien, Somalia und Südarabien beheimatet ist. Die Rinde dieses Strauches scheidet gelbe, klare Tröpfchen mit starkem und anhaltendem Duft aus – die Myrrhe. Über die Gewinnung gibt es eine kuriose Legende: Das aus den Drüsenhaaren des Myrrhe-Baumes tropfende ätherische Öl soll sich in den Bärten darunter weidender Ziegen gefangen haben und wurde, wenn es zu Kügelchen erstarrt war, von den arabischen Hirten abgesammelt. Eine freilich sehr archaische Methode, die auf salomonische Zeiten zurückgeht. Heute wird Myrrhe kaum noch verwendet, es wurde von anderen Duftstoffen verdrängt.

Die zweite damals sehr wichtige aromatische Substanz, der Weihrauch, hatte – und das gilt bis in unsere Zeit – einen sehr hohen symbolischen Wert.

Ein Stich aus dem 16. Jahrhundert, der die Gewinnung des Weihrauchs aus der Rinde des *Boswellia*-Baumes zeigt.

Weihrauch und Myrrhe befanden sich unter den Geschenken der Heiligen Drei Könige aus dem Morgenland an Jesus, und lange vorher, bereits im 10. Jahrhundert v. Chr., brachte die sagenumwobene Königin von Saba nebst anderen Kostbarkeiten auch Weihrauch als Gastgeschenk an König Salomon.

Weihrauch ist ein Duftharz, das aus verschiedenen Arten des Boswellia-Baumes gewonnen wird. Dies ist ein weichrindiger Baum mit einem zitronenähnlichen Duft, eschenförmigen Laub und grünlich-weißen sternförmigen Blüten. Weihrauch tritt als gelbes Harz aus der Rinde des Baumes. Durch Einritzen der Rinde stimuliert man die Saftproduktion und vergrößert dadurch den Ertrag. Weihrauch ist sofort brennbar und verbreitet einen überaus angenehmen Duft. Die bei der Verbrennung von Weihrauch entstehende Carbolsäure wirkt außerdem antiseptisch. Wegen dieser Eigenschaften war Weihrauch in der Antike ein wichtiger Handelsartikel. Phönizische Seefahrer und südarabische Händler gelangten damit zu enormen Reichtum.

Ein anderes altes duftendes Gewürz ist Zimt. Lange Zeit war es das Geheimnis der Einwohner von Ceylon (Sri Lanka). Sie allein kannten die eigenartige Würze der vom Zimtbaum geschälte Rinde. Um Zimt in der handelsüblichen

Die ledrigen Blätter des Zimtbaumes *Cinnamonum zeylanicum*.

Form zu erhalten, wird die Rinde des buschigen Baumes *Cinnamomum zeylancium* von eventuellen Seitenzweigen befreit und getrocknet. Durch das anschließende Abschälen der äußeren borkigen Schicht wird der saft- und aromatragende Bast freigelegt, der sich beim Antrocknen an der Luft zusammenrollt. Kleinere Stücke werden in größere Rindenstücke geschichtet, die nach einer nochmaligen Trocknung die Form der uns bekannten Zimtstange annehmen. In Stücke gebrochen gelangen sie in den Handel. Dies ist die wertvollste Form von Zimt. Zimtpulver ist gemahlene Zimtrinde, die jedoch oft aus einer Mischung verschiedener Zimtsorten bestehen kann. Der Zimt der Bibel stammt dagegen – wenn man Wissenschaftlern Glauben schenken darf – von einer anderen Pflanze, nämlich von dem chinesischen Zimtbaum *Cinnamomum cassia*, dessen Ringe etwas weniger süß-würzig sind.

Viele der duftenden Gewürze und Kräuter der Ägypter, Griechen und Römer gelangten über Kamel- und Eselskarawanen der ersten arabischen Händler in den Westen. Mohamed, der Prophet und Begründer des Islam (570–632 n. Chr.) war in seinem bürgerlichen Leben einer jener Gewürzhändler und Mitinhaber eines florierenden Unternehmens in Mekka. Nach seinem Aufstieg zum Himmel wollten viele Glaubensanhänger es ihm gleichtun und wurden auf diese Weise nicht nur Experten im Handel mit Duftessenzen, sondern entwickelten auch neue Methoden zur Gewinnung duftender Blütenextrakte und zur Destillation ätherischer Öle aus Pflanzen. Düfte haben für gläubige Moslems heute noch ebensolche Bedeutung wie zu Zeiten Mohameds. Eine alte Legende berichtet: »Als Mohamed zum Himmel fuhr, fielen einige seiner Schweißtropfen zur Erde. Daraus entsprang die Rose. Wer den Duft der Rose riecht, riecht den Duft Mohameds.«

Obwohl es wenig Beweise für die Verwendung von Kräutern im Fernen Osten gibt, wird von Fachleuten angenommen, daß sie in China bereits um 2700 v. Chr. bekannt waren und zu Heilzwecken verwendet wurden. Der damalige Kaiser Shen Nung gilt einer Legende nach als Begründer der chinesischen Medizin. Mit seinen Aufzeichnungen »Pen T'sao Ching« schrieb er das erste Kräuterbuch der Welt. Es beinhaltet die Beschreibung von über Hundert verschiedener Kräuter. Moderne chinesische Gelehrte stellen dieses Buch jedoch in Frage, da es eigentlich überhaupt keine schriftlichen Überlieferungen aus jener Zeit gibt. Angeblich ist es erst im ersten nachchristlichen Jahrhundert von verschiedenen Autoren zusammengetragen worden. Fest steht jedoch, daß die Chinesen damals schon viel Erfahrung mit Kräutern hatten. So wußte man, daß Gewürznelken frischen Atem machen. Nach einer Erzählung von F. Rosengarten durften chinesische Höflinge im 3. Jahrhundert v. Chr. ihren Kaiser nur nach Genuß einiger Gewürznelken ansprechen.

Nach und nach entwickelte sich der Handel zwischen Ost und West, und mit ihm verbreitete sich die Kenntnis über Duftpflanzen und deren kostbare Essenzen. In Assyrien, Babylon und Persien wurden riesige Mengen benötigt. Die Babylonier, die ja bekanntlich dem Mondgott huldigten, ernteten die

Duftkräuter beim Mondschein und versprachen sich davon einer erhöhte Wirkung. In Persien kannte man damals schon über 100 verschiedene Medikamente pflanzlicher Herkunft und der berühmte Arzt Susruta empfahl, vor jeder Operation die Betten und Krankenzimmer mit duftenden Heilkräutern auszuräuchern.

Die sehr sinnesbetonten Römer verwendeten Duftstoffe auf eine ausgesprochen extravagante Art und Weise. Sie würzten ihren Wein mit duftenden Blüten und sogar das Öl für die Lampen wurde mit aromatischen Essenzen versehen. Safran und Rosenblätter waren damals sehr in Mode und wurden hoch bezahlt. Von Kaiser Nero wird berichtet, daß er für das Begräbnis seiner Frau Poppea (65 v. Chr.) einen ganzen Jahresbedarf an Zimt benötigte.

Nach England und Nordeuropa gelangten duftende Pflanzen sowohl durch die Römer als auch durch normannische Eroberer. Die berühmte Apothekerrose *(Rosa gallica officinalis)*, Rosmarin, Basilikum, Minze und Kümmel waren Mitbringsel römischer Eroberer. Mit normannischen Mönchen kam wahrscheinlich der Vorfahr unserer heutigen Gartennelke *(Dianthus caryphyllus)*.

Die Kenntnis über Duftpflanzen verbreitete sich rasch. Kreuzfahrer brachten viele damals noch unbekannte duftende Pflanzen aus dem Heiligen Land nach

Rechts: *Rosa gallica officinalis*, die berühmte Apothekerrose. Eine historische Rose, die schon seit der Antike bekannt und Elternteil zahlreicher Hybriden ist.

Unten: Diese sehr alte Nelke war schon im 14. Jahrhundert bekannt. Damals würzte man den Wein mit ihren duftenden Blüten.

Europa. Darunter das duftende Schneeglöckchen, das man heute kaum noch findet, die Safran-Pflanze *(Crocus sativus)*, die Damaszener Rose, die Madonnenlilie und *Iris florentina*, manchmal auch Veilchenwurz genannt.
Im Mittelalter mit seiner strengen, enthaltsamen Lebensweise verlagerte sich das Interesse an der Kultur duftender Pflanzen in die Klöster. Aromatische Pflanzen waren für die Medizin unentbehrlich und wurden zu Heilzwecken in Klostergärten gepflanzt. In jenen Tagen oblag die Krankenpflege den Mönchen und sie waren es auch, die aus so manchem Kräutlein eine Medizin brauten. Zum Ausschmücken der Kirche jedoch kultivierte man auch duftende Zierpflanzen, und um das karge Mahl der Mönche an kirchlichen Festtagen etwas schmackhafter zu gestalten, wurden in den Klostergärten auch einige Küchenkräuter gezogen. Als der Einfluß der Klöster zurückging, übernahmen die Bauerngärten deren Erbe. Nützliche Kräuter standen damals natürlich an

Ein früher europäischer Garten, in dem Heilkräuter, Küchenkräuter und Duftkräuter gezogen wurden.

erster Stelle. Viel wurde zu Heilzwecken angepflanzt, aber natürlich gab es damals auch die heimischen Küchenkräuter.
Die klösterlichen Anlagen waren Vorbild bei der Gestaltung der mittelalterlichen Gärten. Der damaligen Mode entsprechend legte man nach einer bestimmten geometrischen Form viele kleine Beete an, auf denen jeweils nur eine Pflanzenart kultiviert wurde. Eingefaßt wurde jedes Beet mit einer sehr kurz geschnittenen Hecke aus Buchs, Lavendel, Rosmarin oder Thymian. Die Pflege, Ernte und Verwendung war im Mittelalter in erster Linie Aufgabe der Frau. Neben ihrer Verwendung als Heilkraut und willkommener Ergänzung in der Küche benutzte man duftende Pflanzen auch zur Dekoration. Bei religiösen Feiern oder anderen großen Festlichkeiten bestreute man Fußböden und

Links: Die wunderbar duftende *Iris florentina*, aus deren Rhizomen das Iriswurzel-Pulver gewonnen wird.

Bänke der Gotteshäuser mit wohlriechenden Blüten und Blättern. Statuen und Schreine wurden mit Blumengirlanden geschmückt. In kalten und muffigen Räumen verbrannte man Duftkräuter zur Luftverbesserung. Cremes und Pommander waren damals sehr beliebt, und man nähte Kräutersäckchen und legte diese zwischen Kleider und Wäsche, wo sie auch gleichzeitig als Mottenschutz dienten. In manchen Gegenden aromatisierte man Wein oder Bier mit duftenden Blüten und Blättern.

Im folgenden Zeitalter sank das Interesse an der Kultur heimischer duftender Pflanzen, denn neue exotische und stärkere Düfte kamen im 16. und 17. Jahrhundert nach Europa und zogen das allgemeine Interesse auf sich. Aus dem Fernen Osten, aus Mexiko und West-Indien wurden Zimt, Ingwer, Pfeffer, Nelken, Muskatnuß und Muskatblüte eingeführt. Sie waren höchst willkommen und spielten eine wichtige Rolle, um Lebensmittel, die oft lange ohne Kühlmöglichkeiten aufbewahrt werden mußten, genießbar zu machen.

Spanier und Portugiesen waren in dieser Zeit führend auf dem Gebiet des Gewürzhandels, da sie sich nach der Entdeckung des Seeweges nach Indien die Molukken und andere Inseln aneigneten. Den Ureinwohnern dieser Gewürzinseln brachte dieser Handel viel Leid und Elend, denn die Bevölkerung wurde versklavt. Die Holländer eroberten dann 1636 Ceylon. England gründete bereits um 1600 die East India Company und verwickelte sich mit Holland in einen langandauernder Kampf um die Vorherrschaft. Erst als beide Länder 1824 einen Vertrag über die Teilung der Territorien schlossen, fand der Krieg um die begehrten Zimt- und Nelkenmetropole ein Ende. Gegen Ende des 18. Jahrhunderts beteiligte sich dann auch noch das junge Amerika am Gewürzhandel.

Im viktorianischen England lebte das Interesse am Garten wieder auf und mit

Links: Die zartblauen Blüten des Rosmarinstrauchs *Rosmarinus officinalis*.

Unten links: »Von lieblichen süßen Düften« ein Holzschnitt aus dem 19. Jahrhundert.

Unten rechts: Zweige des Buchsbaumes *(Buxus sempervirens)*.

dieser Renaissance erinnerte man sich auch wieder duftender Pflanzen. Es war die Zeit, in der die schönen und berühmten englischen Gärten entstanden. Viele von ihnen waren mit einem Gewächshaus ausgestattet, um die zarten, manchmal exotischen Pflanzen zu schützen. Berühmte Gärtner wie Gertrude Jekyll oder Will Robinson ermutigten die Gartenbesitzer, ihre Gärten und Beete mit duftenden Pflanzen zu bereichern.

In unserem Jahrhundert entdeckten die Gärtner neue Möglichkeiten, die Pflanzenzüchtung systematisch voranzutreiben. Die Züchter waren in der Lage, immer ertragreichere Obst- und Gemüsesorten heranzuziehen. Auch die Blüten der Gartenblumen wurden immer größer, es entstanden viele neue Blütenfarben und -formen, häufig mit verlängerter Blützeit. Der Duft hingegen wurde lange Zeit vernachlässigt, es kam im wesentlichen auf das Aussehen an. Inzwischen kann man glücklicherweise wieder eine starke gegenläufige Tendenz beobachten. Immer mehr Blumenfreunde achten besonders auf den Duft ihrer Pflanzen und halten einen blühenden und duftenden Garten für wünschenswerter denn je.

'Victoria amazonica', die riesige Seerose aus Südamerika, für die Joseph Paxton ein spezielles Glashaus baute, das später Vorbild für das 1851 erbaute Gewächshaus für die Welt-Ausstellung wurde.

Die Verwendung von Duftpflanzen

Rosmarin

Duftende Pflanzen waren in früheren Zeiten natürlich nicht nur wegen ihrer Heilkraft oder ihrer reinigenden Wirkung geschätzt, die Menschen fanden auch einfach Gefallen an den wohlriechenden Düften und verwendeten sie in der Küche ebenso wie zur Herstellung verschiedenster Schönheitsmittel. Einige Pflanzen waren besonders als Schnittblumen sehr begehrt. So wissen wir von Cleopatra, daß sie für ein Gastmahl mit Marc Anton die Fußböden ihres Palastes einige Zentimeter hoch mit Rosenblüten bedekken ließ. Zu Spielen oder Kämpfen schmückten Griechen und Römer Plätze und Arenen mit Rosenblüten und anderen Duftkräutern. Die Römer, deren Verschwendungssucht ja legendär ist, gingen sogar soweit, daß sie die Rosenstöcke in den Gärten der näheren und weiteren Umgebung Roms über Bewässerungssysteme, durch die warmes Wasser floß, auch außerhalb der Saison zum Blühen brachten, um so ihren enormen Bedarf zu decken. Reiche Römer pflegten ihren Körper nach dem Bad mit getrockneten duftenden Rosenblütenblättern einzupudern und anschließend mit Rosenöl zu salben.

Eine römische Dame bei der Morgentoilette (Mary Evans Picture Library).

Nero gab riesige Summen aus, um seine Bankette mit Rosen zu schmücken. Ein anderer römischer Kaiser gelangte wegen seiner Torheit und seiner Laster zu Berühmtheit. Helagabalus, so wird berichtet, ließ solche Mengen Rosenblüten auf seine Gäste herabregnen, daß einige beinahe daran erstickten!

Teilnehmer religiöser Feste und Spiele trugen im alten Rom häufig Kränze aus Blumen oder Blättern. Jede Pflanze hatte dabei ihre besondere Bedeutung. Wildblumen und Gräser kennzeichneten einen erfolgreichen Belagerer einer Stadt. Lorbeer war den siegreich heimkehrenden Soldaten vorbehalten, Eiche wiederum trugen die Würdenträger der Stadt (Senatoren) und Efeukränze wurden von den römischen Poeten getragen. Mit Kränzen aus Rosen schmückten sich die Gäste eines römischen Gelages, und unter der Bezeichnung »die Stunden der Rosen« gelangten diese Feste zu Berühmtheit. Die Üppigkeit dieser römischen Saturnalien und die Blütenfülle, mit der die Paläste damals geschmückt waren, kann man sich heute kaum noch vorstellen. Aber es muß wohl sehr verführerisch gewesen sein, nach dem Dinner in einer mit Rosengirlanden umrankten Laube zu plaudern. Diplomatische Gespräche führte

Das kräftige Laub und die leuchtenden Blüten der alten Rosensorte 'Roseraie de L'Hay'.

man vorzugsweise an Plätzen die mit Rosen dekoriert waren. Der Begriff »sub rosa = unter Rosen« bedeutet, daß es sich um Vertrauliches handelt.

Im Griechenland der Antike kannte man auch noch eine andere sehr reizvolle Verwendung für duftende Blüten. Die Bewohner der griechischen Stadt Sybasis, 720 v. Chr. gegründet, kamen zu solch einem Reichtum, daß der Name dieser Stadt ein Synonym für Luxus schlechthin wurde. Sie schliefen, so wird berichtet, auf Matratzen, die mit Rosenblüten gefüllt waren. Der Ausspruch »auf Rosen gebettet« geht wohl auf diese luxuriöse Sitte zurück.

Knapp tausend Jahre später nutzte man Duftpflanzen auf eine ähnliche Weise. Im mittelalterlichen England wurden wohlriechende Kräuter mit Binsen vermischt und die Fußböden damit bestreut. Auch in königlichen Gemächern dienten duftende Blüten oder Kräuter solchen Zwecken, wie uns John Parkinson, ein englischer Kräuterexperte, berichtet. Königin Elisabeth I. hatte ein besonderes Faible für Düfte. Ihre Vorliebe galt Mädesüß. Diese nach Mandeln duftende Pflanze bevorzugte sie, wenn es darum ging, ihre Gemächer auszustreuen. Diese Königin war es auch, die stets Dufthandschuhe trug und ein aromatisches Duftbällchen (= Pommander) bei sich hatte, um sich vor

Rechts: Ein dem echten Lavendel naher Verwandter *(Lavandula spica)* blüht hier gemeinsam mit weißer Schafgarbe (*Achillea ptarmica* 'The Pearl') und niedrigem Fünffingerstrauch *(Potentilla)*.

Unten: *Filipendula ulmaria* 'Aurea', die bevorzugte Pflanze von Königin Elisabeth I. Ein Mädesüß mit panaschierten Blättern.

Infektionen zu schützen. Bis zum Elisabethanischen Zeitalter waren Parfüms zumindest in England unbekannt. Duftkräuter wurden damals ausschließlich in Apotheken verkauft.

Ein Brauch aus jenen Tagen hat sich bis in jüngste englische Vergangenheit erhalten. Die Richter des obersten Gerichtshofes trugen an ihrem Talar immer ein Sträußchen duftender Kräuter als Erinnerung an die Zeit, als solche Vorsichtsmaßnahmen noch nötig waren, um den Geruch so mancher Zeitgenossen zu übertönen. Bis ins 19. Jahrhundert trugen auch die Ärzte ein kleines Döschen an ihrem Spazierstock, das mit aromatischen Kräutern wie Rosmarin oder Lavendel gefüllt war. Um sich bei Krankenbesuchen gegen Ansteckung zu schützen, rochen sie ab und zu daran.

Die Verwendung duftender Ingredenzien im Haushalt war sehr vielfältig. Die Hausfrau des vergangenen Jahrhunderts war eine Expertin im Heilen kleiner Weh-Wehchen. Auch in der Küche benutzte sie aromatische Essenzen zur Herstellung von Likören und Kräuterweinen, Kräutersuppen und Cremespeisen, und für die Schönheit fertigte sie nach Rosen oder Lavendel duftende Waschkugeln, Seifen und Öle und zahlreiche Puder.

Blumenparfüms, eine Anzeige aus dem 19. Jahrhundert für Parfüms (Mary Evans Picture Library).

Rund um den »Duft«

Seerose, *Nymphaea* 'Blue Beauty'

Nicht allein Blüten und Blätter sind duftende Teile einer Pflanze, auch die Rinde und selbst manche Wurzeln können Aromastoffe enthalten. Einige Duftstoffe werden nur durch Beschädigung der Pflanze, d. h. durch das »Öffnen« ihrer Zellen, freigesetzt, sei es durch Anbohren der Rinde, Zerrebeln der Blätter oder Trocknen der Wurzeln. Die in Blättern, Rinde und Wurzeln eingelagerten Duftstoffe haben für die Pflanze verschiedene, teils noch ungeklärte Funktionen. Sie können z. B. dazu dienen, Freßfeinde abzuwehren. So werden Salbei, Thymian oder Rosmarin selten oder nie von Blattläusen heimgesucht. Da manche Substanzen, wie bei der schon erwähnten Myrrhe, antiseptische Wirkungen haben, schützen diese z. B. die Pflanzen vor Pilz- oder Bakterieninfektionen.

Duftende Blüten geben im Gegensatz zu den Blättern ihre Wohlgerüche »freiwillig« her. Hier ist die Funktion des Duftes völlig klar, er dient dazu, Bienen, Hummeln, Käfer oder andere Insekten zur Bestäubung anzulocken.

Schlendert man durch den Garten, so nimmt man zu jeder Jahreszeit ein Gemisch aus verschiedenen Düften wahr. An einem Frühlingsmorgen liegt ein Hauch von Frische in der Luft, der sich mit dem zarten Duft der ersten Frühlingsblumen und dem strengen Geruch der Erde verbindet. Es ist ein ganz besonderer Duft, den die erwachende Natur verströmt und der uns die so langersehnte Jahreszeit ankündigt. Frühling kann man wirklich riechen.

Der Sommer hingegen bringt uns die stärkeren Düfte. Den süßen Duft der Rosen, den betörenden Geruch von Lilien, oder das leicht fruchtige Aroma der hohen Bart-Iris. Aber nichts vermittelt mehr sommerliche Stimmung als eine frisch gemähte Wiese. Das leicht angetrocknete Gras hinterläßt einen herbsüßen Duft, der uns an glückliche Ferientage unserer Kindheit erinnert.

Ganz anders ist der Herbst. Es ist die Jahreszeit der Ernte. Der Geruch reifender Früchte verbindet sich mit dem Duft getrockneter Kräuter zu einer wunderbar aromatischen Mischung.

Gärten spenden uns ihre Wohlgerüche auf verschiedene Weise. Am angenehmsten empfinden wir jene Düfte, die wir ohne unser Zutun wahrnehmen. Sie werden durch die Luft an uns herangetragen. Francis Bacon, der englische Philosoph und Autor (1561–1626), notierte in seinem Essay Of Gardens: »Und da der Atem der Blumen in der Luft süßer duftet als in der Hand, ist es, um in diesen Genuß zu kommen wichtig, die Pflanzen zu kennen, die ihren Wohlgeruch am besten an der Luft entfalten.«

Er war einer der ersten, der eine Aufzeichnung über Duftpflanzen anlegte. Damaszener Rosen z. B., so schrieb er, sind Blumen, deren Duft sich rasch verflüchtigt. Selbst wenn man an einem ganzen Beet vorbeigeht, wird man von ihrem süßen Duft nur wenig wahrnehmen können, es sei denn, es ist noch ganz früh morgens. Ebenso verhält es sich mit dem echten Lorbeer und Majoran, deren Blätter erst beim Zerrebeln ihr Aroma offenbaren. Auch Rosmarin duftet am Strauch nur ganz schwach. Bacon notierte noch andere

Die gefüllte Form 'The Pearl' der stark duftenden Tuberose aus Mexico *(Poliantha tuberosa)*.

Pflanzendüfte, die er als angenehm empfand. Moschusrosen, Rosen, Lindenbäume und, etwas kurios, verwelkende Erdbeerblätter. Bacons Aufzeichnungen waren natürlich keineswegs vollständig. Es gibt darüber hinaus eine Vielzahl von Duftpflanzen, unter denen einige so stark duften, daß wir sie bei allzu nahen Riechversuchen als aufdringlich empfinden, deren Duft wir aber aus einiger Entfernung als wohlriechend wahrnehmen. Hyazinthen, Freesien oder der Jasminstrauch sind wunderbar duftende Pflanzen, die man besser aus einiger Entfernung betrachtet. In der Nähe der Terrasse oder gar ins Haus gebracht, können sie als bedrückend empfunden werden. Der schwere Duft der Lilien kann einem schon »den Atem rauben« und bei geruchsempfindlichen Menschen auch Übelkeit und Kopfschmerzen verursachen.

Auch die meisten exotischen Pflanzen haben einen faszinierenden Duft. Angepaßt an die üppige Umgebung in ihrer tropischen Heimat, ist ihr Parfüm schier überwältigend, Gardenien z. B. oder Tuberosen, Frangipani und einige der tropischen Akazien.

Ebenfalls einen starken Duft verbreiten alle nachtblühenden Pflanzen. An warmen Sommerabenden sind Düfte von Geißblatt, Ziertabak oder der gelben

Gardenie *(Gardenia jasminoides)* eine Kübelpflanze mit reinen weißen, duftenden Blüten. Ideal für den Schnitt.

Die gelbe Nachtkerze *(Oenothera biennis)* duftet an warmen Sommerabenden.

Nachtkerze durch die geringere Luftzirkulation besonders ausgeprägt. Während tagsüber der Duft dieser Blume kaum wahrnehmbar ist, verstärkt sich der Wohlgeruch abends und lockt damit die Nachtfalter zur Bestäubung an. In tropischen Gegenden ist die Abendluft durch und durch erfüllt von Wohlgerüchen. Wunderblumen *(Mirabilis)*, Seerosen, Engelstrompeten und der unübertroffene Duft der »Königin der Nacht« machen exotische Gärten so faszinierend. Die großen weißen Blüten der Königin der Nacht entlassen ihre »Duftwolken« übrigens in halbstündlichen Zeitabständen.

Blütendüfte wahrzunehmen ist allerdings nicht jedermann gleichermaßen geschenkt. Es ist zudem immer eine sehr persönliche Sache. Was für den einen herrlich duftet, »stinkt« dem anderen. Manche Völker glauben auch, daß dunkelhaarige Menschen über einen ausgeprägteren Geruchssinn verfügen als Blonde und daß Albinos die Fähigkeit zu riechen völlig vermissen. Ich bin jedoch der Ansicht, daß man von solchen Klassifizierungen absehen sollte. Jeder Mensch hat, auch was den Duft betrifft, seine schwache Seite. Obwohl ich einen recht gut ausgeprägten Geruchssinn habe, kann ich z. B. den Duft feuchter Buchsbaumblätter nicht wahrnehmen, obwohl andere ihn als erfrischend und angenehm empfinden.

Zur besseren Klassifizierung werden Blütendüfte häufig mit Namen bekannter Früchte umschrieben. Das hängt auch damit zusammen, daß unser Geruchssinn eng mit dem Geschmackssinn verbunden ist und wir uns dadurch Düfte besser vorstellen können. Als Beispiel sei hier der »Zitronenduft« genannt.

Viel lernte ich von E. A. Bowles, einem englischen Gärtner und Künstler mit einem sehr stark ausgeprägten Geruchssinn. Für ihn waren Schlüsselblumen das »non plus ultra«. Er hatte dazu auch einen netten Ausspruch: »Wenn der Himmel nach etwas duftet so nach Schlüsselblumen.« Ich finde dies sehr passend, da diese Frühlingsblumen doch in einigen Gegenden auch Himmelschlüssel genannt werden. Ein Zusammenhang besteht aber wohl nicht, es sind lediglich nette Wortspielereien.

Blumen riechen aber keineswegs immer angenehm. Es gibt Pflanzen die ihre Bestäuber – Aasfliegen – mit Verwesungsgeruch anlocken und oft stellen diese Blüten den Fliegen auch noch Nahrung zur Verfügung und einen Platz zur Eiablage. Zu dieser Pflanzengruppe gehört bespielsweise der Aronstab mit seinen riesigen muschelförmigen, braunen und purpurnen Blüten und dem haarigen Blütenkolben, der der Pflanze den Namen gab. Ob man diese nur zwei bis drei Tage blühende Pflanze in einen Duftgarten setzt, möchte ich jedem selbst überlassen. Für mich zählen diese Gerüche zu den unangenehmsten, die es gibt.

Blattdüfte empfinden wir normalerweise als angenehm. Meist entstehen diese beim Zerrebeln der Blätter, deren hoher Gehalt an ätherischen Ölen das Aroma bildet. Blattdüfte halten sich meist auch noch nach dem Trocknen. Zu dieser Gruppe gehören die meisten Küchenkräuter, aber auch einige Bäume und Sträucher wie z. B. Artemisien (Beifuß, Wermut), der echte Lorbeer,

Links: *Mirabilis jalapa*, die Wunderblume aus Peru mit ihren weißen, rosafarbenen oder gelben Blüten, die sich in den Nachmittagsstunden zart duftend öffnen.

Unten: Die Hornwurz *(Helicodiceros crinitus)* riecht unangenehm.

Rechts: *Staphylea colchica*, Pimpernuß, blüht im Mai an schattigen Plätzen und duftet süßlich (erinnert an Reispudding).

Unten: Im Hintergrund Duft-Pelargonien *(Pelargonien* ssp.), hier gemeinsam mit verschiedenen anderen Beetpflanzen.

Lavendel, Rosmarin, die Eberraute, nach Zitronen duftende Verbenen, Duftpelargonien und die süßduftende Myrthe. Ebenso wohlriechend sind eine Reihe von Koniferen, die beim Abstreifen ihrer Nadeln einen sehr würzigen Duft verbreiten. Die Balsamtanne, immergrüne Zypressen, viele Fichtenarten, Wacholder und die berühmte Libanonzeder gehören hierzu.

Iris florentina ist die wohl bekannteste Pflanze, bei der die Wurzel der duftspendende Teil ist. Die Rhizome haben einen ausgeprägten Veilchenduft, der sich beim Trocknen noch verstärkt. Früher nannte man die Pflanze deswegen Veilchenwurz. Die pulverisierten Wurzelstöcke werden als Grundstoff in der Kosmetikindustrie verwendet.

Eine Sukkulenten-Art *(Rhodiola rosea)* mit dickfleischigen Wurzeln, die auf steinigen subalpinen Lagen des schottischen Hochlandes, in Irland und Wales zu Hause ist, möchte ich noch erwähnen. Die Wurzelstöcke dieser gelbblühenden Pflanze verströmen beim Auseinanderbrechen einen rosenartigen süßlichen Duft, der auch in getrocknetem Zustand einige Wochen anhält.

Auch wenn sich nicht jede duftende Pflanze in unseren Breiten im Garten kultivieren läßt, gibt es genügend robuste und winterharte Arten, so daß wir

Die stark duftende, tagblühende Seerose *Nymphaea pennsylvania* 'Blue Beauty'.

Ein Zweig der italienischen Zypresse *(Cupressus sempervirens)*, wie man sie im Mittelmeerraum häufig antrifft.

uns fast das ganze Jahr lang an Pflanzendüften erfreuen können. Und wer ein frostfreies Gewächshaus, einen Wintergarten oder auch ein helles Blumenfenster besitzt, kann sich aus einer noch viel größeren Palette von Pflanzenarten die schönsten Düfte heraussuchen.

Der duftende Garten

Santolina neapolitana, das Heiligenkraut

Rechts: Ein Staudenbeet im Sommer mit Rosen, Lichtnelken *(Lychnis chalcedonica)*, Salbei, Glockenblumen und den winterharten *Geranium endressii* in Pusey House in Wiltshire.

Seiten 40–41
Links: Ein duftendes Beet in einem Garten in Waterperry, Oxford mit Madonnenlilien, Löwenmaul und purpurrotem Muskateller-Salbei.

Oben rechts: Ein Duftgarten in Newby Hall, Ripon.

Unten rechts: Der Duftgarten der Royal. Horticultural Society in Wisley, Surrey.

Duftende Pflanzen können in verschiedene Gartenbereiche eingegliedert werden, wobei die Auswahl der duftenden Pflanzen ganz nach Ihren persönlichen Wünschen und Vorstellungen erfolgen soll.

Manche Gartenbesitzer möchten einfach, daß der Garten duftet, ohne sich auf irgendeine bestimmte Pflanze zu spezialisieren. Sie werden dies bei der Gestaltung berücksichtigen und duftende Gehölze oder Blumen verstreut im Garten einsetzen. Andere wiederum sind nur an ganz bestimmten Pflanzen interessiert, Rosen oder Lilien z. B., und geben diesen einen besonderen Platz. Will man, daß der Garten das ganze Jahr duftet, braucht man eine größere Vielfalt an Pflanzen, auch blattduftende oder solche, die erst bei Berührung ihr Aroma freigeben. Menschen, die einen Großteil ihrer Zeit im Haus verbringen müssen, werden sich besonders für Pflanzen interessieren, die in Fensterkästen gedeihen oder als Kübelpflanzen in Hausnähe plaziert werden können. Und für Nachtschwärmer ist natürlich eine Laube mit verführerisch duftenden, nachtblühenden Pflanzen das Ideale.

In sehr heißen und trockenen Ländern wie Spanien oder einigen südamerikanischen Staaten sind die Gärten häufig als Patio in der Mitte des Hauses angelegt. Diese meist intimen Räume sind erfüllt von Ruhe und friedlicher Atmosphäre. Mit ihrem verschwenderischen Grün, ihren Brunnen und dem süßen Duft exotischer Pflanzen sind solche Gartenhöfe immer ein Quell der Freude. Ich erinnere mich ganz besonders an solch einen Innenhof in Bogota, Kolumbien, der ganz in der Nähe des Colonial Museums lag, umgeben vom Straßenlärm dieser südamerikanischen Großstadt. Um so erstaunter war ich, als sich die Tür hinter mir schloß und von all dem Lärm nichts mehr zu hören war. Eukalyptusbäume, Akazien und Magnolienbäume mit ihren wunderbaren weißen Blüten umgaben mich. Daturas, verschiedene Geißblattarten, Lantanen und sogar Rosmarin verbreiteten ihren Duft. Viele davon wurden als Kübelpflanzen in riesigen Terracotta-Töpfen gezogen. Zusammen mit Springbrunnen und in einer Voliere gehaltenen Singvögel, vermittelte dieser Garten einen wahrhaft berauschenden Eindruck.

Neben den wohlriechenden Blumen darf man natürlich die duftenden Kräuter nicht vergessen. Ein Muß für alle leidenschaftlichen Köche und ein Experimentierfeld für diejenigen, die sich ihre Schönheitsmittel gerne selbst brauen. Selbstverständlich auch eine hervorragende Quelle für Tees.

Im Mittelalter waren diese Kräutergärtlein unentbehrlich. Neben Küchenkräutern kultivierte man damals auch Giftpflanzen zu Heilzwecken, die dann allerdings auch mal gegen einen unliebsamen Mitmenschen ihre Wirkung zeigten. Und natürlich gab es auch Kräutlein bei Liebesleid. Aphrodisiaka aber wurden meist nur von »Hexen« angepflanzt und von diesen weitergegeben.

Im Elisabethianischen England waren die Kräutergärten symmetrisch nach einer geometrischen Form angelegt. Die verschiedenen Pflanzenarten wurden streng voneinander getrennt kultiviert und jedes Beet von einer kurzge-

schnittenen Hecke aus Buchs, Lavendel, Heiligenkraut oder Eibe eingefaßt. Ab und zu sieht man noch solche Gärten, Relikte jener Zeit.
Heute legt man einen Kräutergarten eher formlos an. Die einzelnen Pflanzen werden so miteinander gruppiert, daß sie sich in ihren Blattstrukturen, Farben und Formen sowie durch ihren Duft gegenseitig ergänzen.
Die meisten Kräuter sind wärmeliebende Sonnenanbeter, wenn es möglich ist, sollte man ihnen einen sehr sonnigen Platz geben. Der Duft entwickelt sich dort besser und die meisten Küchenkräuter bilden ein wesentlich intensiveres Aroma, was vor allem die Gourmets begrüßen werden. Besonders praktisch ist es, wenn der Kräutergarten in der Nähe der Küche angelegt ist. Achten Sie aber darauf, daß im Kräuterbeet auf keinen Fall Staunässe auftritt, als wärme- und sonnenliebende Pflanzen vertragen die meisten Kräuter Trockenheit viel besser als nasse Füße.
Von den niedrig wachsenden Kräutern eignen sich einige sehr gut für Einfassungen im Ziergarten. Thymian und Lavendel bilden hübsche Beetumrandungen, während die höheren Pflanzen wie Angelika mit seinen besonders reizvollen Blüten, Salbei oder Rosmarin eine willkommene Ergänzung im Staudenbeet sind. Besonders schön gewachsene Exemplare sehen auch als Solitärpflanze apart aus. Unter den vielgeliebten Kräutern gibt es aber auch einige, die zum Wuchern neigen. Dazu gehören die Minze-Arten. Wenn sie sich an einem Standort wohlfühlen, breiten sie sich rasch aus und sind kaum noch zu bändigen. Man muß schon ihre Wurzeln abgrenzen, um sie im Zaum zu halten. Mit Hilfe eines alten bodenlosen Eimers oder mit Streifen aus Blech, die in die Erde eingegraben werden, gelingt dies meist recht zufriedenstellend.
Ein Beet in Form eines Rades anzulegen, wobei die Speichen die Trittplatten sind ist eine Variante der Gestaltung. Diese Trittplatten aus Naturstein, Holz oder Ziegelsteinen sehen besonders dekorativ aus. Die entstehenden Kreissegmente können dann mit jeweils einer anderen Kräuterart bepflanzt werden. Berücksichtigt man bei der Auswahl auch Pflanzen mit panaschiertem Laub oder verschiedene Blütenformen, so behält der Kräutergarten das ganze Jahr seine Attraktivität. Aber gestalten Sie selbst. Viele Formen ergeben sich ganz von allein aus Ihren persönlichen Vorstellungen und aus den räumlichen Möglichkeiten, die Ihr Garten zu bieten hat.
Auf eine ganz besondere Form, Duftpflanzen im Garten zu ziehen, möchte ich hier jedoch hinweisen. Das ist der Duftrasen. Erschrecken Sie jetzt nicht bei der Vorstellung, auf den kostbaren Duftkräutern umherzulaufen. Es gibt nämlich Pflanzen, denen das Betreten nichts ausmacht, die sich sogar dabei wohlfühlen. Die Römische Kamille *(Anthemis nobilis)* ist so ein Beispiel. Gut eignen sich auch der Feldthymian *(Thymus serpyllum)* und für etwas weniger strapazierte Flächen die Spanische Minze *(Mentha requienii)*. Sie alle lieben sonnige Standorte und behalten ihr Laub das ganze Jahr über. Eine andere schöne Möglichkeit, Kräuter mit in den Garten einzubeziehen, ist es, sie

Links: Das durch Buchshecken gegliederte Kräuterbeet eines Gartens in Barnsley House, Gloucestershire.

Unten: Eine der bezauberndsten altmodischen Pflanzen ist die Bergminze *(Calamintha nepeta)*.

zwischen großen Steinen oder Wegplatten wachsen zu lassen. Wenn man die Zwischenräume mit etwas Humus füllt und für guten Wasserabzug sorgt, fühlen sich diese Kinder des Südens zwischen den warmen Steinen sehr wohl. Die Minze macht da eine Ausnahme, sie zieht einen kühleren Platz im Schatten vor.

Kräuter sind durch ihre Form und ihr Aussehen meist sehr attraktiv und können durchaus als gestaltendes Element im Ziergarten eingesetzt werden. Das sanft grau-grüne, silbrige Laub und das Blau der Blüten von Lavendel, Salbei, Katzenminze oder Beifuß läßt sich harmonisch kombinieren, z. B. mit rosa- und rotblühenden Gartennelken oder Primeln. Ein goldener oder weißer Garten wäre auch eine ausgefallene Variante, denn viele Kräuter haben panaschierte Blätter und zahlreiche duftende Stauden oder Einjahresblumen lassen sich gut mit ihnen kombinieren. Duftende Pflanzen können natürlich auch in Töpfen und Kübeln auf der Fensterbank, im Gewächshaus oder im Wintergarten gehalten werden. Es gibt da fast unbegrenzte Möglichkeiten.

Ernten und Trocknen

Viele der Kräuter und Duftpflanzen wirken am schönsten, wenn sie frisch sind. Die berühmte Blume am Knopfloch muß taufrisch sein, eben so der Strauß für die Vase oder die Ansteckblume. Auch die Kräuter für kulinarische Zwecke entfalten ihr Aroma am besten, wenn man sie direkt aus dem Garten holt. Aber Kräuter und viele andere Duftpflanzen lassen sich auch gut trocknen. Kräuter sind dann im Winter als unentbehrliche Zutaten für schmackhafte Gerichte aus der Küche nicht mehr wegzudenken. Eine andere schöne Form der Verwendung ist es, Duftsäckchen oder Pommander zu basteln, die einem die duftlose Zeit des Winters verkürzen helfen.

Will man Pflanzen trocknen, so gibt es verschiedene Methoden, die aber alle sorgfältig durchgeführt werden müssen. Es ist nämlich viel leichter, Pflanzen zu kultivieren als sie richtig zu ernten und zu trocknen. Das richtige Timing ist hierbei das Wichtigste. Die Pflanzen müssen an ihrem Höhepunkt, meist kurz vor der Blüte, im Sommer bei trockenem sonnigen Wetter geerntet werden. Es ist kein Zufall, daß die meisten im Handel erhältlichen Gewürze in Ländern mit warmen trockenem Klima kultiviert werden. Feuchte trübe Tage behindern das Trocknen. Die Blätter werden schlaff, wenn sie nachträglich nochmals Feuchtigkeit aufnehmen, beginnen zu schimmeln und verlieren damit ihre wünschenswerte Eigenschaft. Ideal ist das Trocknen im Freien an einem warmen luftigen Platz, wo die Pflanzen – vor direkter Sonne geschützt und zu kleinen Büschen gebündelt – aufgehängt werden. In kühleren Gegenden, wo dies nicht möglich ist, trocknet man sie auf Rosten in einem hellen luftigen Raum. Die Pflanzen dürfen nie der prallen Sonne ausgesetzt sein, sie würden sonst zu schnell ausdörren und Aroma und Duft gingen dabei verloren.

Heiligenkraut *(Santolina neapolitana)*, ein immergrüner niedriger Strauch mit silbrigen Blättern und gelben Blüten.

Für Potpourris oder Duftsäckchen müssen die Blüten von den Stielen entfernt werden, bei Rosen werden die Blütenblätter einzeln auf einem Rost unter mehrmaligem Wenden getrocknet. Erst nach sorgfältiger Trocknung verwahrt man sie bis zu ihrer Verwendung in luftdicht verschlossenen Behältern. Holz und Steingefäße eignen sich zur Aufbewahrung besser als Plastikgefäße. Glasgefäße sind ebenfalls gut geeignet. Allerdings sollten sie aus braunem oder dunkelgrünem Glas sein, so daß die getrockneten Kräuter vor Licht geschützt werden. Durchsichtige Gläser sollten an einem dunklen Ort aufbewahrt werden – die Kräuter bleichen sonst aus und verlieren auch Aroma.

Pflanzen, die ihre Blüten während des Trocknens leicht abwerfen (z. B. Lavendel), erntet man einige Tage vor dem völligen Aufblühen und hängt die Sträußchen während des Trockenprozesses in Papiertüten auf oder legt zumindest eine Lage Papier darunter, um die kostbaren Blüten nicht zu verlieren. Ähnlich verfährt man mit duftenden Samen wie z. B. Koriander, Kümmel, Kreuzkümmel oder Dill. Diese Samenstände erntet man jedoch bei völliger Reife. Man sammelt sie, bindet sie in Musselinsäckchen und hängt alles kopfüber zum Nachtrocknen auf. Erst danach werden die Körner abgestreift und in luftdichten Gefäßen aufbewahrt.

Eine Auswahl aromatischer Kräuter und Pflanzen zum Trocknen.

Der Duft des Frühlings

Eine panaschierte Sorte des Maiglöckchens
(*Convallaria majalis* 'Variegata')

Selbst der längste und härteste Winter geht einmal zu Ende. Der Frühling bricht herein und mit ihm kommt jenes kaum zu beschreibende Duftgemisch aus Erde und der ersten zarten Frühlingsblumen, das wir Frühlingslüftchen nennen – gleichsam als Vorbote auf die kommenden Freuden. Überall in der Natur beginnt es jetzt zu sprießen und blühen. Die Tage werden länger und durch Sonne und Frühjahrsregen erwachen auch die später blühenden Pflanzen, und ehe man sich versieht, ist es Sommer.

Der Frühling ist auch die Zeit der wieder beginnenden Gartenarbeit. Beete und Rasen wollen gepflegt werden, Frostschäden an Bäumen sind auszuschneiden, und der Boden muß für die neue Aussaat vorbereitet werden. Vor dem Austrieb ist noch eine gute Jahreszeit für Neupflanzungen von Bäumen und Sträuchern oder Stauden.

Die nicht winterharten Duftpflanzen werden in spätfrostgefährdeten Lagen erst ab Mitte Mai aus ihrem Winterquartier geholt und an einer geeigneten Stelle im Garten ausgepflanzt oder auf die Terrasse gestellt.

Es ist eines der schönsten Erlebnisse, sich beim ersten Spaziergang durch den Frühlingsgarten von einem Duft zum anderen locken zu lassen. Tun Sie es den Schmetterlingen gleich und erfreuen Sie sich an jeder Blüte.

Bäume und Sträucher für drinnen und draußen

Zu den schönsten Gartenbäumen, die im Frühling blühen, zählen die Magnolien. Es sind sehr alte Gehölze mit weit zurückreichendem Stammbaum. Aus fossilen Funden wissen wir, daß sie schon vor 5 Millionen Jahren in weiten Gebieten Nordamerikas und Ostasiens verbreitet waren. Es gibt zahlreiche Formen und bei richtiger Sortenwahl kann man sich an den phantastischen Magnolienblüten über mehrere Monate erfreuen. Leider wird in rauhen Lagen ihre Blütenpracht häufig von Spätfrösten zunichte gemacht. Kaum ein anderer früh blühender Baum läßt sich so leicht kultivieren wie die Hybride der chinesischen *Magnolia denudata* (syn. × *Magnolia soulangiana*). Diese Magnolie wächst zu einem 3–4,5 m hohen, wohlgeformten Baum heran. Die großen kelchförmigen Blüten, die sich noch vor den Blättern entfalten, sind weiß mit purpurner Basis. Sie erscheinen zu Hunderten im April. Es gibt zahlreiche Varianten, die sich durch ihre mehr oder minder starke purpurne Farbe unterscheiden. Alle sind duftend. Eine besonders schöne Sorte ist 'Lennei', deren Blüten außen rosen-purpurrot sind und innen weiß. Magnolien blühen gelegentlich ein zweites Mal, wenn ihnen der Standort sehr zusagt. Für einen kleinen Garten ist eine andere Magnolienart besser geeignet: *Magnolia stellata*, die Japanische Magnolie mit wunderbar duftenden, großen sternförmigen Blüten, die in günstigen Lagen schon im März erscheinen. Auch die Blätter und die Rinde dieser Magnolien duften angenehm zitronenähnlich.

Die frühblühende Sternmagnolie hat nach Zitronen duftende Blätter und wunderbar duftende Blüten.

Magnolia stellata wächst langsam, bis zu 3 m hoch, blüht aber bereits, wenn sie noch jung ist. Sternmagnolien lieben einen windgeschützten warmen Platz und einen humusreichen, nicht zu trockenen, sauren Boden. Pflanzen Sie blaue Traubenhyazinthen unter die Sternmagnolien. Sie blühen zur gleichen Zeit und ergänzen sich wunderbar.

Ein Baum, der im April/Mai blüht, ist die Roßkastanie mit ihren wunderbaren leicht nach Honig duftenden Blütenkerzen. Die sehr eigenwilligen rotgefleckten großen, aufrechten Blüten sind auch aus einiger Entfernung noch schön anzusehen.

Für eine naturnahe Bepflanzung eines Geländes oder für eine große Garten- und Parkanlage sind die nordamerikanischen Pappeln ideale Gehölze. Für kleine Gärten sind die rasch wachsenden Bäume nicht geeignet. Die am besten duftenden Pappeln sind *Populus balsamifera*, die Balsampappel, *P. trichocarpa,* die Schwarzpappel, ein besonders schnellwüchsiger Baum und *P. candicans*, fälschlich oft als Balsamstrauch bezeichnet (der echte Balsamstrauch ist der dornige *Commiphora opobalsam*). Die Knospen dieser laubabwerfenden Bäume sind den Winter über dick ummantelt mit zähem, gelben, stark duftendem Harz, das beim Aufspringen der Knospen im Frühling einen beinahe überwältigenden Duft verströmt.

Unter den Obstbäumen und Zierkirschen, die ebenfalls alle im Frühling blühen, sind mit Ausnahme der Apfelbäume nur wenige duftend. Zu diesen wenigen zählen die Japanische Kirsche *(Prunus × yedoensis)*, die in ihrer Heimat sehr verbreitet, hierzulande aber so gut wie unbekannt ist. Der duftende Baum trägt im März/April eine Fülle weißer Blüten. Eine andere ebenfalls japanische Hybride 'Junior' erinnert mit ihrem Duft ein wenig an Stechginster. Andere wertvolle Duftbäume sind die heimische Traubenkirsche *(Prunus padus)*, deren weiße nach Mandeln riechende Blütentrauben im April/Mai erscheinen und *Prunus subhirtella* 'Pendula', ein zierlicher Baum mit hängenden rosa getönten Blüten im zeitigen Frühjahr.

Der europäische Ginster *(Ulex europaeus)*, bekannt auch als Stechginster, ist in Küstennähe weit verbreitet. Er bedeckt riesige Flächen mit steinigem oder armen Boden, auf denen sonst nicht mehr viel wächst. Wie sein Name schon sagt, ist er fast überall in Europa verbreitet, wo mildes Meeresklima oder Weinbauklima herrscht. Denn leider ist der Stechginster nicht sehr winterhart, er friert auch in mildem Klima stark zurück, treibt dann aber wieder aus.

Stechginster beginnt mancherorts im Februar zu blühen und ist zu seiner Hauptblütezeit April bis Mai wie in Gold getaucht. Vereinzelte Blüten erscheinen das ganze Jahr über. Trotzdem sind nur wenige Gartenbesitzer geneigt, diesen starkduftenden, aber stacheligen Strauch mit seinen erbsenähnlichen Blüten in den Garten zu pflanzen. Die gefüllte Form 'Flore Pleno' ist nicht nur kleiner und buschiger, sondern in jeder Hinsicht die hübschere Sorte. Ihre duftenden Blüten erinnern an Goldlack. Stechginster liebt sonnige trockene Standorte, und das macht ihn zum idealen Strauch für Gärten in nach Süden offenen Hanglagen. 'Flore Pleno' muß über Stecklinge aus diesjährigen Trieben vermehrt werden, weil kein Samen ausgebildet wird. Die 7–10 cm langen Stecklinge vom diesjährigen Austrieb werden im August geschnitten, und in einer Sand/Torf-Mischung wurzeln sie im Kalthaus gut an.

Zu den kleineren Sträuchern, die im Frühjahr blühen, gehört auch der Federbuschstrauch *(Fothergilla gardenii)* aus Nordamerika, ein sommergrüner aufrechter Busch mit ausladenden Zweigen. Seine jungen Triebe sind mit weißen Härchen bedeckt. Die Blätter sind oval dunkelgrün und herzförmig an der Basis. Die weißen duftenden Blüten erscheinen vor dem Blattaustrieb im April. Die Art *F. major* wird etwas größer, bis 3 m hoch, und hat zahlreiche rosa-weiße Blütenköpfchen. Alle Federbuscharten zeigen im Herbst eine lebhafte rote, orange und gelbe Blattfärbung.

Die wichtigsten Gehölze für einen Duftgarten sind die Schneeballgewächse. Oft sind die winterblühenden Arten *Viburnum farreii* oder dessen Hybride *Viburnum × bodnantense* noch in Blüte, wenn die duftendste aller Schneeballarten *Viburnum carlesii* im April ihre Blüten öffnet. Ein wahrer Duftrausch umfängt dann den Garten. In lehmiger Erde, geschützt vor kalten Nord- und Ostwinden und allzu starker Frühlingssonne, die seine Knospen leicht beschädigen kann, ist der Busch leicht zu ziehen. In trockener, allzu magerer Erde gedeiht *V. carlesii* nicht besonders gut. Er bildet je nach Standort 1–2 m hohe Sträucher mit rauhen, ovalen Blättern und runden, zu Dolden angeordneten Blüten. Diese Blüten sehen aus, als wären sie mit Wachs überzogen, und sind überaus wohlriechend. *V. carlesii* ist ein Elternteil weit verbreiteter Hybriden, darunter auch *V. carlcephalum* mit etwas größeren Blättern. Die ballförmigen Blüten sind in der Knospe rosa und öffnen sich weiß mit einem Hauch von

Die duftenden Staubgefäße des blütenblattlosen Federbuschstrauches *(Fothergilla gardenii)*.

Pink. Diese Schneeballsorte blüht etwas später und bildet hohe Büsche. Trotz seiner größeren Blüten vermißt man aber die Eleganz seiner Eltern.
Andere Hybriden von *V. carlesii* sind weniger anspruchsvoll. Sie gedeihen in saurem Boden ebenso wie in alkalischem. *V. burkwoodii* ist eine der besten Hybriden. Seine großen Blütenbüschel zieren über viele Wochen den Strauch. Die duftenden Blüten sind anfangs rosa überhaucht und öffnen sich in Weiß. In milden Wintern bleiben die dunkelgrünen Blätter manchmal am Strauch hängen. *Viburnum* 'Anne Russell' hat noch feinere, rosa getönte Blüten, in bis zu 8 cm großen Dolden. *V.* × *juddii* ist eine sehr reichblühende Sorte, die nicht ganz so süß duftet, dafür aber um so kräftiger wächst. Alle diese Schneeballarten können aus Stecklingen gezogen werden, im Sommer genommen, wurzeln sie im warmen Kasten gut an.
Andere frühblühende, dekorative, mehr oder weniger duftende Sträucher sind die Zierjohannisbeeren. Von *Ribes* gibt es verschiedene Sorten, wobei die Blutjohannisbeere *(Ribes sanguineum)* die attraktivste ist. Ihre dunkelroten Blütentrauben und die geruchsintensiven gelappten Blätter erinnern im Duft etwas an schwarze Johannisbeeren. Die Büsche sind reichblühend und gedeihen in jedem Garten. Sie öffnen ihre Knospen auch in der Vase und eignen sich deshalb gut als Schnittblumen. *Ribes aureum*, die Goldjohannisbeere trägt nach Gewürznelken duftende, gelbe Blüten.
Zu den Duftgehölzen des Frühlings ist auch noch die heimische Kornelkirsche zu zählen. Sie öffnet ihre kleinen wohlriechenden gelben Blüten schon sehr früh an den noch blattlosen Zweigen. Den Namen erhielt dieser Baum wegen seiner kirschenähnlichen Früchte – eben den Kornelkirschen. Diese Früchte sind genießbar. In früheren Zeiten schätzte man sie wegen ihrer angeblich antiseptischen Wirkung. Oftmals waren sie – vor allem bei Seuchengefahr – die einzige zum Verkauf freigegebene Frucht. Das feingemaserte Holz splittert kaum ab und wurde daher häufig zur Herstellung von Fleischbrettern verwendet.
Osmanthus delavayi, von dem englischen Pflanzenzüchter Sir Harold Hillier als eine der Perlen Chinas bezeichnet, ist ein besonderer Schatz in einem Duftgarten. Seine dunkelgrünen ledrigen Blätter stehen in wunderbarem Kontrast zu den weißen, stark duftenden Blüten, die den Strauch im späten Frühjahr einhüllen. *Osmanthus* ist einer der besten immergrünen Frühjahrsblüher. Die Pflanze ist sehr anpassungsfähig, auch an jeden Boden und bis −15 °C winterhart. *Osmanthus* bevorzugt sonnige Lagen. Über Stecklinge, die im Juni genommen werden, kann man den Strauch bei hoher Bodentemperatur vermehren.
Syringa ist der botanische Name für unseren heißgeliebten Gartenflieder. Früher wurde manchmal diese Bezeichnung irrtümlich für den Jasmin- oder Pfeifenstrauch angewandt. Die Verwechslung liegt in der gemeinsamen Heimat begründet. Beide Pflanzen kamen ca. 1562 aus der Türkei nach Europa und beide Pflanzen haben hohles markiges Holz, das von den Türken zur

Blütendolde von
Viburnum × *burkwoodii*.

Herstellung von Pfeifen verwendet wurde (daher auch der Name Pfeifenstrauch). Flieder, dieser vielbesungene Strauch, der Vorbote des Sommers, ist aus einem Duftgarten nicht mehr wegzudenken. Sein Duft vermittelt eine Stimmung, die uns an Gärten vergangener Tage denken läßt.

An sehr geschützten Plätzen blüht der »Gemeine Gartenflieder« *Syringa vulgaris* bereits ab Ende April. Im Wonnemonat steht er in voller Pracht. Alle *Syringa*-Arten sind kräftige Büsche mit aufrechten, starken duftenden Blütenrispen in Weiß, Zartrosa, Violett, Rot und Purpur. Fliederbüsche lieben die Sonne und gedeihen in jeder guten Gartenerde. Es gibt zahlreiche Hybriden mit einfachen oder gefüllten Blüten. Beliebte Sorten sind die einfache 'Ludwig Späth' mit dunkelpurpurnen großen Blüten, 'Firmament' mit blauen Blüten, 'Festal' eine weiße Form, der fliederrote 'Congo' und der primelgelbe 'Primrose'. Besonders schöne gefüllte Fliedersorten sind der weiße 'Mme. Lemoine', der purpur-lavendelfarbene 'Katherine Havemeyer' und der purpurrote 'Charles Jolly' sowie der blaßrosa 'Edward Gardner'. Bevorzugt man spätblühende Arten für seinen Garten so bieten die Hybriden von *Syringa* × *prestoniae* besser bekannt als Juniflieder eine gute Auswahl. Es sind dankbare

Osmanthus delavayi mit seinen jasminartigen Blüten, eine der besten weißblühenden immergrünen Gehölze.

Sträucher mit federartigen aufrechten oder auch hängenden Blütenrispen, meist in Rosa- oder Purpurtönen. (Juniflieder ist nicht gleich mit Sommerflieder = *Buddleya*.)
Alle Fliederarten benötigen etwas Zeit um richtig anzuwachsen. Im allerersten Jahr sollte man ihnen daher die Blütenknospen ausbrechen. Trachten Sie danach, wurzelechte Pflanzen zu kaufen, um sich nachträgliche Mühe mit wilden Bodentrieben zu ersparen. Ist ein Fliederstrauch einmal über die gewünschte Höhe hinaus gewachsen, kann er durch Einkürzen auf 1 m zu neuem buschigem Wachstum angeregt werden. Eine Blühpause bis zu drei Jahren muß nach solch einem Eingriff allerdings in Kauf genommen werden. Flieder kann über verholzende Stecklinge im Spätsommer im Anzuchtbeet vermehrt werden. Von Schädlingen werden Fliederbüsche kaum befallen. Gelegentlich kann es zu Magnesiummangel kommen, was zu vergilbten Blättern führt.
Unter der riesigen Gruppe der Rhododendren mit mindestens 500 Arten und Tausenden von Sorten sind auch viele duftende. Aus der Fülle des Angebots die richtige Sorge auszuwählen, ist nicht ganz leicht. Um unliebsame Überraschungen zu vermeiden, besucht man am besten zur Blütezeit der Rhododendren eine gut sortierte Baumschule. Bei dieser Gelegenheit kann man Farbe wie auch Duft ganz nach seinen persönlichen Vorstellungen aussuchen.
Die großen immergrünen Rhododendren benötigen allerdings sehr viel Platz, und ihre Schönheit kommt in parkähnlich großzügig angelegten Gärten am besten zur Geltung. Einige unter ihnen reagieren empfindlich gegenüber kalten Winden und Frühlingsfrösten.
Die etwas kleineren Azaleen hingegen sind sehr beliebte Gartensträucher. Allein schon wegen ihres zierlicheren Wuchses eignen sie sich auch sehr gut für kleinere Gärten. Ihr Farbenreichtum und das schön gefärbte Herbstlaub bei den sommergrünen Arten machen Azaleen zu wertvollen Gartenpflanzen. Auch bei den Azaleen trifft man die Auswahl am besten in einem Sichtungsgarten oder studiert die Kataloge der Züchter sehr genau. Denn es sind nicht alle Azaleen duftend. Zu den ganz besonders wohlriechenden Azaleen zählen die *Pontica*- oder *Genter*-Hybriden. Sie bilden mittelgroße bis 2,5 m hohe Sträucher. Ihre Blüten, die ein wenig an jene des Geißblatts erinnern, erscheinen vor dem Laubaustrieb, vorwiegend in Gelb- und Orangetönen.
Die *Occidentale*-Hybriden, auch *A. mollis* genannt, duften ebenfalls und blühen meist in Pastelltönen. Eine weitere Gruppe duftender Azaleen sind die *Rustica*-Hybriden mit gefüllten Blüten, die Ende Mai/Anfang Juni erscheinen. Diese Gruppe stellt etwas geringere Bodenansprüche, und bringt ein breites Farbenspektrum hervor, auch gefüllt blühende Varianten sind vertreten und solche mit gekrausten Blütenblättern oder mit gesprenkelten Blättern.
Wie alle Moorbeetgewächse wollen Rhododendren und Azaleen sauren lockeren, tiefgründigen Boden. In lehmiger kalkhaltiger Erde gedeihen sie schlecht. Sie stehen gerne im Halbschatten, aber viele der winterharten

Die Blüten von *Acacia armata* (Känguruhdorn), einer hübschen Kübelpflanze (Seite 58).

Hybriden tolerieren auch Sonne, sofern ihr Wurzelbereich mit Torf und gut verrottetem Kompost feucht gehalten wird. Allgemein gilt, daß alle Sorten, die vor Ende Mai blühen, vor der Morgensonne geschützt stehen sollten. Allzu rasches Auftauen nach einem Frost läßt die Blüten schwarz werden.

Ein regelmäßiger Schnitt ist bei Azaleen nicht nötig. Man kann spindelig gewordene Büsche etwas zurückschneiden, um sie zum buschigem Wachstum anzuregen. Ist eine Pflanze wirklich einmal für einen Standort zu groß geworden, ist es besser sie zu verpflanzen, als sie kleiner zu schneiden. Die Wurzeln sind sehr kompakt und der Wurzelballen ist leicht aus der Erde zu heben. Die beste Zeit zum Umpflanzen ist der Herbst bei frostfreiem Wetter.

In einem Garten, der unter dem Motto »Duft« angelegt wurde, sind im Frühling vereinzelt auch noch Nachzügler der Winter-Duftpflanzen wahrzunehmen. Die Düfte von Mahonien, Wintergeißblatt oder von *Camellia sasanqua*, eine der wenigen wohlriechenden Kamelien, überschneiden sich dann mit dem Duft von *Rosa primula*, deren Blätter besonders nach einem Regen nach Weihrauch duften, auch die gelben Blütchen sind wohlriechend.

Im April/Mai beginnen auch einige hohe Heidekrautgewächse zu blühen. Da sie aber alle aus Nordafrika stammen, sind sie in unseren Breiten nur bedingt winterhart. *Erica arborea* ein Erikabaum, der in seiner afrikanischen Heimat über 6 m hoch wird, erreicht bei uns kaum mehr als 2–3 m und das auch nur in den mildesten Gebieten. Eine sehr widerstandsfähige Sorte ist 'Alpina'. Sie

Rechts: Zwei verschieden blühende Genter-Azaleen.

Unten: Die grünen Zweige mit den kräftigen Stacheln der Bitterorange *(Poncirus trifoliata)*, die ein robustes mediterranes Gewächs ist (Seite 58).

bildet hübsche immergrüne Sträucher mit frisch wirkendem Laub und weißen, nach Honig duftenden Blütenpyramiden. Eine andere wohlriechende Art ist *E. erigena superba*, es bildet kräftige, 2,5 m hohe Pflanzen und blüht von März bis Mai rosarot.

Dort wo das Klima es zuläßt, ist die australische Akazie einer der schönsten Frühlingsbäume. Da sie Wärme und Sonnenlicht liebt, bevorzugt sie einen windgeschützten Platz an einer Mauer. Bei Temperaturen unter 4° fühlt sie sich nicht mehr wohl, und Frost vertragen nur sehr kräftige große Bäume. In Mitteleuropa kann sie deshalb nur als Kübelpflanze gezogen werden, die den Winter über in ein Gewächshaus gestellt wird. Um das Jahresholz richtig ausreifen zu lassen und damit den Blütenansatz hervorzubringen, benötigt sie viel Licht. *Acacia dealbata* ist ein immergrüner Baum, mit farnartigen zarten Blättern und auch eine Kübelpflanze für kühle Gewächshäuser und Wintergärten. Schon sehr zeitig im Frühjahr ist dieser Baum mit flaumigen hell goldgelben Blütenbüscheln bedeckt, die wunderbar nach Frühling duften und eine sehr schöne Harmonie zu den blaßsilbrigen Blättern bilden. Diese Akazienart braucht komposthaltige Erde und eine regelmäßige zweiwöchentliche Düngung von Mai bis Oktober. Vermehrt wird sie über ausgereifte Stecklinge, die im Sommer im warmen Kasten anwurzeln.

Eine andere Akazienart, die häufig als Kübelpflanze kultiviert wird, ist *Akazia armata*. Ein immergrüner dichter Strauch, der eine Höhe von 3 m erreichen kann und sehr dornige Blätter trägt. Seine Blüten sind goldgelb und duftend. *A. Armata* verträgt kühlere Temperaturen als *A. dealbata*.

Vor einigen Jahren sah ich in Virginia (USA) eine eigentlich unschöne aber völlig undurchdringliche Hecke aus geschnittenen *Poncirus trifoliata*. Die Bitterorange ist ein Rautengewächs mit glänzend grünen Zweigen und sehr starken, spitzen Dornen. Sie wird wegen ihrer dekorativen weißen, nach Orangen duftenden Blüten geschätzt. In milden Gegenden bildet der Strauch auch kleine aber ungenießbare Früchte (Orangen) aus, die als Zitronenersatz für Tee oder für Würzzwecke verwendet werden können. Die Pflanze bevorzugt sonnige Lagen und warmes Weinbauklima sowie einen tiefgründigen humosen Boden. Sie übersteht zwar einige Grade unter Null, muß aber auf jeden Fall gut abgedeckt werden. *Poncirus* ist eine wenig belaubte Pflanze, die Funktion der Blätter wird von dem verzweigten Geäst übernommen.

Eine ganz hervorragende Duftpflanze in einem Frühlingsgarten ist die mexikanische Orangenblüte *(Choisya ternata)*. Ein idealer Strauch für Sonne wie Schatten, mit weißen sternförmigen Blüten und süß duftendem Wohlgeruch, der an Orangen erinnert. Auch die glänzenden immergrünen Blätter der Orangenblume duften, wenn man sie zerreibt. Wegen ihrer langen Haltbarkeit sind sie begehrt für Gestecke oder als Vasenschmuck. Gelegentlich bringt *Choisya* eine Nachblüte im Spätsommer. Die Pflanze verlangt mildes Klima und verträgt nur wenige Grade unter Null. Man zieht sie bei uns als Kübelpflanze und überwintert sie in einem kalten Gewächshaus.

Rechts: Die lang blühende mexikanische *Choisya* (Orangenblüte), deren Blätter beim Zerrebeln ebenfalls duften.

Seiten 60–61
Oben links: Blüten der Kornelkirsche.

Unten links: Die ersten Frühlingsblumen Schneeglöckchen, Schneerosen begleitet vom winterblühenden Geißblatt (Seite 143).

Oben rechts: Die stark duftende weiße Hyazinthe 'L'innocence'.

Unten rechts: Eine Traubenhyazinthen-Sorte mit federigen Blüten, *Muscari comosum* 'Plumosum'.

Frühlingsblumen

Frühlingsduft kann aber auch durch verschiedene Zwiebelpflanzen oder Stauden in den Garten gebracht werden. Viele Blumenfreude schätzen den starken schweren Duft der Hyazinthen oder mögen den feinen Geruch verschiedener früher *Crocus*-Arten, z. B. von *Crocus laevigatus* und *C. imperati*. Beide sind ideal für den Steingarten oder für ein kaltes Gewächshaus.
Aber was wäre ein Frühlingsgarten ohne Schneeglöckchen. Ihr Reiz liegt natürlich in erster Linie in ihrem zarten Wesen und den kleinen weißen Blüten. Aber Kenner wissen auch den feinen Duft des Schneeglöckchens zu schätzen. Ein Sträußchen davon in einen warmen Raum gebracht, verströmt einen honigsüßen Duft. Von *Galanthus*, wie das Schneeglöckchen botanisch heißt, gibt es noch einige andere Arten z. B. *G. alleinii* mit leicht mandelartigem Duft. Vielleicht sollte man sich einmal auch darum bemühen.
Dem Schneeglöckchen sehr ähnlich ist die aus Zentral-Europa stammende Frühlingsknotenblume *(Leucojum vernum)*. Sie unterscheidet sich nur durch die etwas rundlicheren Blüten, bei denen alle Blütenblätter gleich lang sind. Der Duft dieser Frühlingsblumen erinnert an Veilchen.
Zwiebelpflanzen, die duften, gibt es in Hülle und Fülle. An erster Stelle möchte ich jedoch die Narzissen nennen. Unter ihnen gibt es besonders viele duftende Sorten. Einen sehr stark ausgeprägten Duft haben die wilden Jonquilla-Narzissen und die Tazetten-Narzissen mit ihren diversen Sorten. Letzere eignen sich auch gut für Hydrokultur. Eine hervorragende Sorte ist 'Paper White' mit creme-weißen Blüten, die bis zu zwölf in Büscheln zusammenstehen. Diese Sorte kann auch vorgetrieben werden.
Ich persönlich mag die niedrigen Narzissen der Triandus-Gruppe recht gern. Sie werden nur 15–30 cm hoch und tragen bis zu sechs hängende Blüten in Cremeweiß oder Gelb an einem Stiel. Alle eignen sich gut für den Steingarten oder für Topfkultur in einem kalten Gewächshaus. Die Narzissen lassen sich gut aus Samen ziehen. Eine hübsche Sorte ist 'Angel's Tears'. Sie trägt den Namen nach dem spanischen Pflanzensammler Angelo, der auf der Suche nach wilden Narzissen in den spanischen Bergen vor Erschöpfung in Tränen ausbrach. Genau in diesem Moment entdeckte er die kleine weiße Blume.
Mit der Dichter-Narzisse *Narcissus poeticus* geht die Saison der Narzissenblüte zu Ende. Sie ist es, die in manchen alpinen Gegenden die Bergwiesen mit ihrem Duft erfüllt. Im österreichischen Salzkammergut feiert man jedes Jahr einen Narzissenkorso und eine Narzissenkönigin, bei dem Millionen von Narzissenblüten die Wagen schmücken. Man kann dabei schon einen »Duftrausch« bekommen. *N. poeticus* trägt eine flache weiße Blütenkrone mit einem roten Rand und jeweils nur einer Blüte an jedem Stiel.
Kleinere Zwiebelpflanzen mit duftenden Blüten sind Hasenglöckchen *(Endymion)*, eng verwandt mit den Waldhyazinthen *(Scilla campanulata)*. Beide

Die Tazetten-Narzisse 'Paper White', eine herrlich duftende Sorte.

sehen hübsch als Unterpflanzung von im Frühjahr blühenden Bäumen, z. B. Magnolien, aus. Sehr willkommen im Frühling sind auch Zwiebeliris *(Iris reticulata)*. Es gibt sie in verschiedenen Blautönen und sie duften ähnlich wie Veilchen. Verschiedene Sorten von Traubenhyazinthen *(Muscari)* sind ebenfalls wohlriechend. *Muscari armeniacum* hat einen leichten Moschusduft, und *M. plumosum* riecht nach reifen Pflaumen.

Zu den ältesten Blütenpflanzen unserer Gärten gehört die Kaiserkrone *(Fritillaria imperialis)*. Sie ist ebenfalls eine Zwiebelpflanze, die an kräftigen aufrechten bis zu 1 m hohen Stielen ihre Blütenköpfe trägt. Aus dem ananasähnlichen Blattschopf an der Spitze hängen die gelben oder orangefarbenen Blütenglocken herab. Die Blüten, die bis zu 6 cm groß werden können, haben sechs Segmente und ebensoviele perlartige Honigdrüsen an der Basis. Der Nektar löst sich nur sehr schwer. Zur Kaiserkrone gibt es eine hübsche Legende, die berichtet, daß diese Pflanze ihre Blüte einst aufrecht trug. Als Jesus eines Tages durch den Garten Gethsemane schlenderte, war sie die einzige, die ihr Haupt nie verneigte. Jesus tadelte sie freundlich. Sie aber errötete vor Scham und ließ ab diesem Zeitpunkt ihre Blütenköpfe hängen.

Eine Gruppe von Kaiserkronen, wie die Soldaten aufrecht stehend.

Die Tränen, die ihr dabei in die Augen stiegen sind der Nektar. Holländische Blumenmaler haben sie in zahlreichen Gemälden verewigt. Ihren deutschen Namen trägt sie wegen der Ähnlichkeit mit der Krone des Heiligen Römischen Reiches Deutscher Nation.
Kaiserkronen werden schon seit vielen Jahrhunderten kultiviert. Seitdem gibt es gefüllte Sorten ebenso wie welche mit silbrigem und panaschiertem Laub. Die großen geschuppten Zwiebeln brauchen nahrhaften, gut durchlässigen Boden und eine sonnige Lage. Sie werden im Herbst ca. 20 cm tief in die Erde gelegt. Vermehren kann man Kaiserkronen durch Abnehmen der Tochterzwiebeln im Spätsommer die man im Treibkasten heranwachsen läßt.
Über den Geruch der Kaiserkrone, die ein bißchen nach Fuchs riecht, gibt es verschiedene Ansichten. Ich mag ihn ganz gerne, die meisten hingegen sind davon abgestoßen. Für Wühlmäuse sind die Zwiebeln der Kaiserkrone auf jeden Fall abschreckend, eine Tatsache, die vielleicht von Nutzen ist.
Nicht über Zwiebeln sondern durch Wurzelausläufer verbreitet sich eine der liebenswürdigsten Duftpflanzen, die es gibt, das Maiglöckchen *(Convallaria majalis)*. Wie ihr Name schon ankündigt, bringen diese kleinen Frühlingsblu-

Drei verschiedene Maiglöckchen-Sorten in einem Strauß.

men ihre zarten weißen, köstlich duftenden Blütenglöckchen im Wonnemonat Mai hervor. Zu sechst manchmal bis zu zwölft zieren sie die schlanken Stiele, verborgen hinter den kielförmigen glänzenden grünen Blättern. Wenn es ihnen an ihrem Standort gefällt, breiten sie sich rasch aus. Man pflanzt sie daher besser unter Sträucher an den Rand des Gartens als ins Staudenbeet. Besonders die rosarote Sorte 'Rosea' aber auch die großblumige 'Fortin's Giant' wollen im Zaum gehalten werden. Es gibt noch andere Sorten von *Convallaria* mit gefüllten Blüten oder mit ganz dicht gedrängten Blütenglöckchen. Es gibt auch panaschierte Formen, wie z. B. 'Variegata' mit gelben Längsstreifen oder 'Hardwick Hall', bei der die Blätter wie mit Gold umrandet aussehen.

Ein duftender Maiglöckchen-Strauß ist heute der Inbegriff eines Hochzeitsstraußes. Ganz andere Bedeutung hatte diese zierliche Pflanze im Mittelalter. Damals wurde sie vorwiegend zur Gewinnung von Maiglöckchen-Wasser kultiviert. Der elisabethanische Kräuterexperte John Gerard (1545–1612) berichtet, daß Maiglöckchenextrakt destilliert und mit Wein eingenommen »die Sprache wiederbringe«. In der Tat benutzte man diese Mischung bei Lähmungen und Schlaganfällen, um das Sprachvermögen wiederherzustellen. Auch zur Heilkräftigung oder um das Erinnerungsvermögen zu erhöhen, verordnete man Maiglöckchenwasser und auch bei Augenentzündungen. In Europa nannte man dieses Destillat »aqua aurea«. Es war so kostbar, daß man es stets in kleinen Behältnissen oder Medaillons mit sich trug.

Der Frühling bringt uns aber auch noch andere duftende Blumen – wegen ihrer frühen Blüte sind vor allem Kissenprimeln, Schlüsselblumen und Stiefmütterchen sehr beliebt, ebenso der etwas später blühende Goldlack. Sie können alle sehr leicht über Samen gezogen werden und blühen im darauffolgenden Jahr. Wildwachsende Primeln *(P. vulgaris)* waren früher in England weit verbreitet. Man stellte aus ihnen Süßspeisen her, kochte Suppen und braute Likör. Ähnlich wie Rosenblüten und Veilchen kandiert man heute noch die Blüten, um damit Torten zu dekorieren.

Goldlack *(Cheiranthus cheiri)* ist schon eine sehr alte Gartenpflanze. Sie war schon früh eine typische Bauerngartenblume. Kein Wunder, denn der Goldlack war schon bei unseren Vorfahren wegen seines süßen Duftes beliebt und wurde gerne für Blumensträuße oder zum Schmücken der Häuser benutzt. Damals schon gab es verschiedene Sorten, auch gefülltblühende waren darunter. Goldlack gibt es in einer großen Farbenvielfalt, von Hellgelb bis Tiefkarmin. Für eine Blüte im Frühjahr (April bis Juni) muß man im Sommer aussäen. Wenn die jungen Pflänzchen pikiert (= verpflanzt) werden, dann empfiehlt es sich, die Hauptwurzel etwas zurückzuschneiden, um die Bildung von Seiten- und feinen Faserwurzeln anzuregen.

In einem Frühlingsgarten darf natürlich auch das Duftveilchen nicht fehlen. Diese liebe kleine Blume erfreut uns schon zeitig im Frühjahr mit ihrem Duft und den samtigen Blüten. Veilchen sind anspruchslos. Sie wachsen in der Sonne wie im Schatten und wenn die Blütezeit vorüber ist, sind sie mit ihren

Die gestreiften Blätter und die reinweißen Blüten der Maiglöckchen-Sorte 'Variegata'.

dekorativen Blättern hübsche Bodendecker. Veilchen *(Viola odorata)* sind auf der ganzen Welt zu finden. Daß das Veilchen für Duftöle und Parfüms verwendet wird, dürfte auch bekannt sein. Die berühmte Gartensorte 'Parmaveilchen' ist dafür besonders geeignet.

In früheren Zeiten fand das Veilchen aber auch noch andere Verwendung. Man benutzte es zu kulinarischen Zwecken ebenso wie in der Homöopathie. Veilchenblüten wurden zum Süßen von Speisen verwendet, ehe man den Zucker kannte. Im Mittelalter schätzte man Veilchen als vorbeugendes Mittel gegen alle Arten von Lungenbeschwerden und Rheuma. In diesem Zeitalter der Hexen und der Zauberei glaubte man auch an die wunderbare Wirkung der Veilchen: Veilchenwurzeln vor dem Zubettgehen gegessen bringen schöne Träume. Eine extravagante Verwendung gibt es heute noch. Kandierte Veilchenblüten werden als Dekoration für erlesene Süßspeisen benutzt.

Napoleon liebte Veilchen, die ihn an die korsischen Wälder seiner Kindheit erinnerten, ebenso wie seine Gemahlin Kaiserin Josephin, an deren Grab er Veilchen pflanzen ließ. Der berühmte Kaiser selbst trug einige gepreßte Blüten in einem Medaillon um den Hals.

Von den Römischen Poeten schon beschrieben und von Napoleon sehr geliebt – das Veilchen.

Der Sommer und seine Vorboten

Bartnelken. *Dianthus barbatus*

Bei unserem Spaziergang durch den Garten entdecken wir die ersten Rosenblüten. Die späten Tulpen sind beinahe verblüht und den Frühlingsblumen wird es jetzt schon zu heiß. Die schönste Zeit des Jahres kündigt sich an. Es wird Sommer, Zeit der Rosen und Paeonien, der Iris mit ihren regenbogenfarbenen Blüten und des Jasmin, der uns mit seinem starken Duft betört. In Gärten mit ländlicher Umgebung riecht man den Duft frisch gemähten Grases, vielleicht der Inbegriff eines Sommertages.

Die lauen Sommernächte aber haben einen besonders fazinierenden Reiz. Der Versuchung die warmen Abendstunden auf der Terrasse zu verbringen, können sich auch Nicht-Romantiker kaum entziehen. Ältere Menschen unter uns, genießen diese lauen Abende vielleicht lieber im Zimmer bei geöffnetem Fenster. Grund genug, duftende Pflanzen nahe am Haus zu kultivieren.

Einige von Natur aus nachtduftende Blumen sind z. B. Levkojen, Primeln und an sehr geschützten Plätzen Wasserlilien. Der berühmte Ziertabak oder einige Geißblattgewächse duften hingegen eher in der Dämmerung. Die nachtduftenden Blumen, die tagsüber mit der Nase kaum wahrzunehmen sind, haben sich auf eine Bestäubung durch Nachtfalter spezialisiert. Ursprünglich (d. h. bevor sie züchterisch bearbeitet wurden) hatten sie unscheinbare Blüten und eher helle, weißliche Blütenfarben.

Helle oder pastellfarbene Blüten kann man nämlich in den Abendstunden noch lange erkennen; im Gegensatz zu roten oder violetten Farbtönen »leuchten« die hellen Farben fast in der Dämmerung. Daher können *Lilium regale*, zart gefärbte Rosen, Paeonien und Levkojen etwas weiter vom Haus entfernt eingepflanzt werden. Sie bleiben sowohl für die Nase wie auch fürs Auge abends noch lange und deutlich wahrnehmbar.

Nachtfalterblumen locken die Bestäuber durch ihren starken Duft in den Abendstunden an. Tagsüber, wenn gar keine Nachtschmetterlinge unterwegs sind, wäre es »Verschwendung« für die Pflanzen, wenn sie Duftstoffe produzieren, deshalb sind nachtduftende Blüten tagsüber fast oder ganz und gar duftlos.

Die Intensität des Duftes hängt aber auch ganz stark mit den Wachstumsbedingungen zusammen. Kräuter und Pflanzen, die an einem geschützten Standort in warmer trockener Erde wachsen, sind aromatischer und duften stärker. Ein kleiner von Mauern umschlossener Garten in einer Großstadt kann deshalb manchmal besser als Duftparadies geeignet sein, als ein Garten umgeben von freier Natur.

Eine Hauptaufgabe zu Beginn dieser Jahreszeit ist es, die Beete zu bepflanzen oder die Lücken im Staudenbeet zu füllen, soll sich doch der Garten während der schönsten Jahreszeit auch von der schönsten Seite zeigen. Ein regnerischer Tag – so wenig einladend dies klingt – ist für die Pflanzenarbeit ein günstiger Termin; vorausgesetzt, daß der Boden gut vorbereitet wurde und daß kein Spätfrost mehr zu erwarten ist. Wer sich aber nur bei trockenem

Der goldblättrige *Philadelphus coronarius* 'Aureus' (Jasminstrauch, Seite 77).

Rechts: Der schönste gefülltblühende Rotdorn, *Crataegus oxycantha* 'Paul's Scarlet'.

Unten: Die Königslilie *(Lilium regale)*, majestätische Blume mit betörendem Duft.

Wetter für Gartenarbeit begeistern kann, muß die Pflanzen beim Umsetzen oder Einpflanzen sehr gut angießen. Man sollte die zu bepflanzenden Beete schon einen Tag zuvor gut wässern, in trockener Erde wurzeln junge Pflanzen nur sehr langsam an. Jungpflanzen, besonders in Töpfen angezogene, deren Wurzelballen trocken aussehen, sollten ein bis zwei Stunden vor dem Umsetzen noch einmal tüchtig gewässert werden. Graben Sie dann das Pflanzloch. Nehmen Sie die Pflänzchen sorgfältig aus dem Behälter, ohne die Wurzeln zu beschädigen, und setzen Sie sie mit beiden Händen vorsichtig in das Pflanzloch. Zieht man Pflanzen nicht selbst, ist Qualität beim Kauf das erste Gebot. Wählen Sie gedrungene Pflanzen mit kräftig grünen sauberen Blättern.

Im Sommer geht auch das Ernten und Trocknen so richtig los. Viele blattduftenden Pflanzen, z. B. die Küchenkräuter, duften jetzt am intensivsten. Genau in der Zwischenphase, in der das Triebwachstum nachläßt, die Pflanze aber noch nicht voll aufgeblüht ist (und eventuell schon Samen ansetzt), hat sie genügend Nährstoffe und »Kraft« übrig, um viele Aromastoffe zu bilden. Man erntet blattduftende Pflanzen daher am besten kurz vor dem Blühen, mittags an einem warmen Tag.

Blühende Gehölze für den Garten

Auch der Sommer schenkt uns noch blühende Bäume. Wenn diese auch nicht mehr ganz so üppig sind wie im Frühling, so gibt es doch einige sehr attraktive Gehölze. Bei einigen Bäumen beginnt die Blüte im späten Frühjahr und dauert bis in die ersten Sommertage an. Weiß- und Rotdorn gehören hierzu. Der heimische Weißdorn *(Crataegus monogyna)* ist seit alters her in Kultur und zählt auch heute noch zu den besten Heckenpflanzen. Er verträgt jeden Schnitt und eignet sich für jede Heckenform. Im Juni ist dieser Baum übersät mit einer Fülle weißer, duftender Blüten.

Die aus einer Kreuzung mit *Crataegus oxycantha* entstandenen Hybriden sind beliebte Bäume für kleinere Gärten. Besonders schön sind die rosa und rot blühenden *Crataegus*-Arten oder die gefüllten Sorten, die zwar duften, meiner Nase aber eher unangenehm sind.

Weißdorn hatte seit jeher auch eine Bedeutung in der Kräuterheilkunde und Weißdornsaft wird auch heute noch als herzstärkendes Mittel verwendet. In der Vergangenheit wurden einige Weißdornarten wegen der Reinheit der duftenden weißen Blüten gerne als Maibaum verwendet.

Hervorragend duftende Bäume sind alle Linden. Ihr honigsüßer Duft geht von den im Juli erscheinenden Blüten aus. *Tilia petiolaris* ist eine besonders stark duftende Sorte, die ihren Wohlgeruch besonders in den Abendstunden verströmt. Linden werden sehr große Bäume und können deshalb nur selten in Gärten gepflanzt werden.

Der gewöhnliche Holunder *(Sambucus nigra)* ist zwar einer der bekanntesten europäischen Großsträucher, trotzdem wird er kaum noch in Gärten gepflanzt. Erst in jüngster Zeit entdeckt man diesen nützlichen Busch wieder und integriert ihn meist in eine Öko-Hecke. Von *Sambucus* gibt es eine sehr hübsche Variante mit gelbgezeichneten Blättern: 'Aurea variegata'; die Sorte 'Aurea' hat beinahe gelbe Blätter und die Sorte 'Laciniata' farnartig gefiedertes Laub. Holunder wächst auch in extremen Lagen, wo andere Pflanzen scheitern. Seine großen Blütendolden mit den vielen kleinen weißen Blüten sind wunderbar eigenartig duftend. Blüten wie auch Früchte haben heilkräftige Wirkung. Tee aus Holunderblüten ist hervorragend zum »Ausschwitzen« von Erkältungskrankheiten geeignet und hat auch harntreibende Wirkung. Die schwarzen Beeren sind vor allem von kulinarischem Wert.

Der schon erwähnte Pfeifenstrauch, auch Falscher Jasmin oder Jasminstrauch genannt, ist das am stärkten duftende Sommergehölz. Dieser winterharte, laubabwerfende Strauch gedeiht in jeder nahrhaften Gartenerde und an jedem Standort, Sonne wie Schatten. Mit seinen reinweißen, nach Orangenblüten duftenden Blüten bildet er einen Höhepunkt im sommerlichen Duftgarten. Für geruchsempfindliche Menschen jedoch kann dieser extrem starke süße Duft selbst aus einiger Entfernung verwirrend wirken.

Oben rechts: Ein goldblättriger Holunder, *Sambucus nigra* 'Aurea'.

Unten rechts: Zwei verschiedene Skimmien-Sorten wachsen hier nebeneinander: rechts *Skimmia reevesiana* und links *Skimmia japonica*.

Von *Philadelphus*, wie er botanisch heißt, gibt es einige hervorragende Gartensorten. 'Virginal' und 'Bouquet Blanc', der Brautjasmin tragen beide gefüllte Blüten. Eine interessante Sorte ist 'Belle Etoile', ein etwas gedrungener Strauch mit einfachen weißen Blüten, die an der Basis einen roten Fleck und gelbe Staubfäden haben. Am stärksten duftet *Philadelphus* × *coronarius* 'Zeyheri', eine aufrecht starkwüchsige Pflanze mit einfachen, sehr wohlriechenden Blüten. Da sich die zahlreichen Sorten in ihrer Blütezeit beträchtlich unterscheiden, kann man mit einer wohlsortierten Zusammenstellung über viele Wochen hinweg den Garten in ein Duftparadies verwandeln.
Eine Art möchte ich noch erwähnen, die weniger wegen ihres Duftes wertvoll ist als vielmehr wegen des attraktiven Laubes: *Philadelphus coronarius* 'Aureus' trägt im Frühling hell-goldgelbe Blätter, die an einem schattigen Platz am besten zur Geltung kommen. Außer dem Entfernen der abgeblühten Triebspitzen benötigen Jasminsträucher kaum Pflege. Der Falsche Jasmin wird mit halbverholzten Stecklingen im Juli/August oder mit Holzstecklingen im Oktober/November vermehrt.

Duftgehölze aus südlichen Ländern

Ein sehr wertvolles Gehölz für den Garten ist die immergrüne, bis −15 °C frostfeste *Skimmia japonica*. Ein buschig wachsender, kleiner Strauch, der maximal 1,20 m hoch wird, mit glänzenden grünen Blättern, die im Herbst von kleinen Früchten in allen Rotschattierungen geziert werden. *Skimmia* bevorzugt einen schattigen Platz und einen eher sauren Boden, verträgt jedoch auch etwas Kalk. Damit die hübschen Früchte erscheinen, benötigt man eine weibliche und eine männliche Pflanze. Die Blüten beider Geschlechter sind weiß und die männlichen duften beinahe überwältigend nach Maiglöckchen. Die sehr attraktiven roten Früchte werden aus irgendwelchen Gründen von den Vögeln verschmäht und zieren die Pflanze bis zum Erscheinen der neuen Blüten. Es gibt auch Skimmien-Sorten mit weißen Beeren sowie eine einhäusige Art, *S. reevesiana*.
Ein sehr attraktiver sommerblühender Baum, der aber in Mitteleuropa nur als Kübelpflanze kultiviert werden kann, ist *Magnolia grandiflora*. In seiner Heimat, dem Südosten der USA, wächst dieser immergrüne Baum über 20 m hoch. In den gemäßigten Klimazonen Nordeuropas benötigt er jedoch einen warmen windgeschützten Platz an einer Wand, wo er auch vor Spätfrösten geschützt steht, oder er muß in einem Raum kühl und frostfrei überwintert werden. *M. grandiflora* ist ein eindrucksvoller Baum mit ledrigen, glänzenden, ovalen Blättern, die bis zu 25 cm groß werden können. Im Hochsommer trägt *M. grandiflora* große schalenförmige cremeweiße Blüten, die wegen ihres würzigen Duftes gerne als extravaganter Tischschmuck verwendet werden. André Michaux (1746–1803) ein französischer Botaniker, berichtete, daß

Die intensiv duftenden Blüten des Gartenflieders. Während die meisten Sorten des gewöhnlichen Gartenflieders schon im Mai blühen (Seite 54), erfreut uns *Syringa* × *prestoniae* im Sommer mit duftenden Blütenrispen.

die Indianer niemals unter einer blühenden Magnolie schlafen würden. Sie glaubten, daß der überwältigende Duft der Blüten einen Menschen in einer einzigen Nacht tötet.

Ganz anders geartet sind die Australischen Eukalyptusbäume, die sich zunehmender Beliebtheit erfreuen. Es wurden zwar winterfeste Arten nach Europa eingeführt, aber eine sorgfältige Auswahl ist trotzdem zu treffen.

Eukalyptusbäume haben die besondere Eigenschaft, aus schlafenden Augen an der Stammbasis immer wieder neu auszutreiben. Damit können sie in ihrer Heimat Australien Waldbrände, bei uns Winterfröste überstehen. Die Temperatur sollte aber nicht unter – 12 °C fallen. Eukalyptusbäume sind bei uns daher doch mehr als Kübelpflanzen oder zur Bepflanzung eines Wintergartens geeignet. Das silbrige Laub der schlanken Blätter, das zu jeder Jahreszeit schön aussieht, hinterläßt bei jeder Berührung einen balsamartigen Geruch.

Der bei uns als Kübelpflanze so beliebte Lorbeerbaum ist der in Südeuropa beheimatete *Laurus nobilis*, der Lorbeer der Antike. Die Römer schätzten diesen Busch ganz besonders. Der Lorbeerkranz war für sie das Symbol des Sieges. Während der triumphalen Einzüge trugen die siegreichen römischen Generäle Lorbeerkränze um das Haupt. *L. nobilis* galt aber auch als Orakelpflanze. Seher kauten Lorbeerblätter, um sich in Trance zu versetzen. Wer ein Lorbeerblatt unter sein Kopfkissen legt, hieß es damals, erträumt seine Zukunft.

Der Lorbeer wächst zu mittelgroßen Büschen heran, mit immergrünem dunklen, aromatischem Laub. Die Blüten sind hellgelb, die kugeligen Früchte klein und schwarz. Blätter und Früchte werden in der Küche zum Würzen von Speisen verwendet. Lorbeer ist in nördlichen Breiten nur als Kübelpflanze zu ziehen, die in einem hellen, kühlen Raum überwintern muß. Er ist gut schnittverträglich und kann in jede erdenkliche Form gebracht werden. Bei Temperaturen unter – 10 °C geht die Pflanze ein.

Die strauchig wachsende *Yucca* (Palmlilie) aus Amerika zeigt deutlich ihre Zugehörigkeit zur Familie der Agavengewächse. Sie hat schwertartige, bis 1,80 m lange, graugrüne Blätter, die je nach Sorte sehr spitz sein können. Yuccas bilden einen holzigen Stamm, um den die Blätter spiralförmig angeordnet sind. Im Spätsommer wächst aus der Pflanzenmitte ein hoher Stiel, der weiße oder cremefarbene hängende Blüten trägt. Der blütentragende Stiel verwelkt und wird durch einen neuen Sproß ersetzt. Es kann einige Jahre dauern, bis die Yucca das nächste Mal blüht.

Yuccas gedeihen in allen Böden, ziehen jedoch sandige und lockere Erde vor. Sie benötigen einen sehr sonnigen Platz und brauchen nur bei extrem trockener Witterung gegossen zu werden. Eine Vermehrung kann durch Schößlinge oder Wurzelstecklinge im Warmhaus oder durch Saat erfolgen. Die weißen Blüten von *Yucca filamentosa* verströmen in den Abendstunden ihren angenehmen Wohlgeruch. Sie ist bei uns meist als Kübelpflanze zu halten, hält aber ohne größere Schäden Temperaturen bis – 10 °C aus.

Eine einfache und eine gefüllte Form des Falschen Jasmins *(Philadelphus coronarius)*.

Die Königin der Blumen

Rechts: Zwei wunderbare alte Rosen, *Rosa gallica officinalis* im Vordergrund und die »weiße Rose von York« *(Rosa alba)*.

Unten: Die Zitronenverbene wird vor allem wegen ihrer duftenden Blätter wegen kultiviert (Seite 97). Man kann diese frostempfindliche Pflanze im Sommer sehr gut in ein sonniges Rosenbeet setzen; sie duftet herrlich, stiehlt der königlichen Rose aber nicht die Schau.

Die wichtigste Pflanze in einem sommerlichen Duftgarten ist natürlich die Rose, und es gibt auch wohl kaum einen Garten, in dem die Königin der Blumen nicht wächst. Ob ihre Schönheit als Solitärpflanze besonders betont wird oder ob sie eher ein zurückgezogenes Dasein führen soll, sie paßt sich jeder Gartensituation an. Sie wächst in beinahe jeder Erde, feuchtnasse und saure Böden ausgenommen. Unter den zahlreichen Rosenarten gibt es für jeden Gartenplatz die geeignete: Kletterrosen für Bögen, Pergolen oder um Mauern und Zäune zu umranken, Heckenrosen und Rosen, die sich gut als Bodendecker eignen. Selbst der Balkongärtner braucht nicht mehr auf seine Rose verzichten.

In den gemäßigten und subtropischen Klimazonen beheimatet, lieben Rosen alle volle Sonne und schätzen eine gute, nahrhafte lehmige Erde sowie eine Mulchdecke aus Mist oder verrottetem Kompost im Winter. In rauhen Gegenden sollte man sie als Schutz gegen Frost sorgfältig anhäufeln.

Rosen existieren schon seit Menschengedenken und ihre kostbaren Blüten wie auch ihr Duft wurden schon in der Antike als Symbol für Luxus sehr geschätzt. Die Völker des mittleren Ostens gewannen den Duft durch das Eintauchen der Blütenblätter in Fett und Öl. Der salbenartige Extrakt wurde sowohl als Körperöl benutzt als auch zum Einbalsamieren der Toten verwendet. Nach der Entdeckung der Destillation wurde der Duftstoff direkt aus den Blütenblättern extrahiert. Rasch entwickelte sich ein blühender Handel von Ost nach West. Riesige Mengen Rosenöl und Rosenwasser wurden nach Europa, vor allem nach Rom gesandt. Heute kommt das feinste Rosenöl aus Bulgarien und einigen Landstrichen der Türkei, wo in einem guten Jahr 1,5 t Blüten der Damaszener Rosen auf ca. 4000 m^2 geerntet werden. Nur damit man sich ein Bild machen kann von dem Luxus, den die Römer betrieben: Zur Herstellung von 0,5 Liter Rosenöl sind 3 Millionen Blüten nötig!

Möchten Sie Rosen vor allem wegen ihres Duftes pflanzen, dann lege ich Ihnen die altmodischen Strauchrosen ans Herz. Aber geben Sie ihnen etwas Platz, damit sie ihre Schönheit voll entfalten können und pflanzen Sie sie getrennt von modernen Sorten. Ganz besonders schön sind jene Sorten, die entweder von *Rosa gallica, R. moschata* oder von *R. rugosa* abstammen; mit ihren zauberhaften Farbschattierungen vom zartesten Rosa bis zum Purpur oder samtigen Dunkelrot. Wenn Sie einen weißen Garten bevorzugen entscheiden Sie sich für *R. Alba*. In ihrer Eleganz und ihrer Üppigkeit des Blütenflors sind sie unerreicht. Die Blüten dieser alten Rosensorten sind rundlich. Die Blütenblätter (Petalen) drängen sich um einen mittleren Wirbel, in dem sich die Staubgefäße befinden. Die Zweige sind meist stachelig kräftig aufrecht oder auch überhängend. Die Vermehrung durch Stecklinge gelingt leicht.

Alte Sorten

Blanc Double de Coubert: weiß
Cardinal de Richelieu: purpurviolett
Charles de Mills: gefüllt, dunkelrot
Madame Isaac Pereire: dicht gefüllt, tiefrosa
Marie Louise: gefüllt, rosa
Roseraie de l'Hay: gefüllt, weinrot
Rosa moschata: weiß, einfach gefüllt

Kletterrosen und Remontant-Rosen

Compassion: lachsrosa
Ena Harkness: scharlachrot
Etoile de Hollande: dunkelrot
Golden Showers: goldgelb
Maigold: goldgelb
New Dawn: zartrosa
Zephirine Drouhin: karminrosa

Floribunda Rosen

Arthur Bell: hellgelb
Harry Edland: tiefes Pink
Margaret Merrill: perlweiß
Paul Shirville: lachs
Radoux Bouquet: warmes Pink

Tee-Hybriden

Alec's Red: kirschrot
Blue Moon: lilapink
Fragant Cloud: scharlachrot
Pot o'Gold: altgold
Whisky Mac: bronzegelb

Prächtige Stauden und würzige Kräuter

Die Staudenliebhaber können unter einem riesigen Angebot duftender Pflanzen wählen. Zu den schönsten zählen die Paeonien (Pfingstrosen). Ich meine hier nicht die europäische Bauernpfingstrose *(Paeonia officinalis)* mit ihrem etwas strengen Geruch und den kurzlebigen Blüten. Nein, die Rede ist hier von den Chinesischen Paeonien oder Edelpaeonien. Diese Hybriden von *P. lactiflora* sind wahre Schätze für das Staudenbeet. Ihre großen schalenförmigen oder gefüllten Blüten erinnern an Seidenblumen, und dies wird durch die aparten Farbschattierungen noch unterstützt. Die meisten verbreiten einen rosen-ähnlichen Duft, manche riechen auch etwas würziger. Edelpaeonien sind hervorragende Schnittblumen für die Vase. Die Blütezeiten der verschiedenen Sorten variieren stark. Bei entsprechender Zusammenstellung mehrerer Pflanzen kann man im Mai und Juni viele Wochen diese Blüte genießen. Paeonien sind sehr langlebige Pflanzen und stehen gerne viele Jahre auf demselben Platz. Sie wollen Sonne, eine nahrhafte Gartenerde und eine regelmäßige Düngung mit verrottetem Mist oder Kompost vermischt mit etwas Knochenmehl. Gepflanzt werden Pfingstrosen sehr flach, so daß die jungen Triebspitzen höchstens 3 cm mit Erde bedeckt sind. Im September/Oktober konnen sie durch Teilung vermehrt werden.
Ebenfalls zur Familie der Paeonien gehörend, aber ganz anders in ihrem Charakter sind die Baumpfingstrosen, die sich zunehmender Beliebtheit erfreuen. Diese Hybriden stammen von der chinesischen *P. suffruticosa* ab und bilden bis 1,5 m hohe Sträucher mit zauberhaften, duftenden Blütenschalen und einem hübsch strukturierten Laub. Es gibt Sorten mit riesigen, bis zu 15 cm großen Blüten in Rosa, Lachs, Weiß, Gelb sowohl gefüllt wie ungefüllt.

Oben links: 'New Dawn', eine kräftige Kletterrose.

Oben rechts: 'Whisky Mac', eine moderne Tee-Hybride.

Unten links: *Rosa gallica versicolor,* auch »Rosa mundi« genannt, nach der Mätresse König Heinrichs II.

Unten rechts: 'Arthur Bell', eine außergewöhnlich duftende Floribunda Rose.

Strauch- oder Baumpaeonien, wie sie auch genannt werden, beanspruchen etwas Sorgfalt. Es sind aufgepfropfte Pflanzen, deren Zweige leicht beschädigt werden können. *P. suffruticosa* dürfen niemals zurückgeschnitten werden. Sie mögen einen geschützten Standort in der Sonne oder in leichtem Schatten und guten Winterschutz, sind aber im allgemeinen bis ca. −20 °C frosthart.

Iris – die Blume des Regenbogens – ist eine Gartenstaude, deren Duft bisher viel zu wenig Beachtung geschenkt wurde. Er kann zart oder süß sein, fruchtig wie bei den meisten Sorten, aber auch streng und herb. Die Familie der Iris ist sehr groß. Allein von der Gruppe *Iris barbata* (früher *Iris germanica*) gibt es Tausende Sorten in einzigartigen Schattierungen, die ihr den Namen Regenbogenblume zu Recht geben. Für jede Gartenstimmung findet man eine Farbnuance. Zartestes Flamingorosa oder Blaßlila ebenso wie Weiß und Gelb oder kräftiges Kupferrot oder Purpur. Die Blautöne aber sind beinahe unzählbar in ihren Schattierungen. Am besten man besucht eine gut sortierte Staudengärtnerei zur Blütezeit und trifft dort seine Farb- und Duftauswahl.

Bartiris mögen einen sonnigen Platz und einen gut wasserdurchlässigen Boden der mit Kompost und Knochenmehl angereichert wurde, gegebenen-

Links: Iris, Brandkraut, Lavendel, Nachtviole und Frauenmantel vor dem Hintergrund der halbgefüllten Strauchrose 'Nevada'.

Unten: Eine einfache Blüte der Paeonie, in diesem Fall eine Hybride von *Paeonia lactiflora*.

falls etwas kalken und sparsam mit einer Düngung aus Mist umgehen, er begünstigt Fäulnis. Gepflanzt wird im August wobei die Rhizome nur flach mit Erde bedeckt werden. Allzulange Blätter entspitzen, damit sich nicht der Wind darin fangen kann, und die Pflanze Mühe hat anzuwurzeln. Iris wachsen rasch und müssen alle zwei bis drei Jahre geteilt werden, damit die Blütenqualität nicht nachläßt.

Die früher kultivierte *Iris pallida dalmatica* ist eine andere Irisart, die es Wert ist, gepflanzt zu werden. Ihr silbriges Laub steht in apartem Gegensatz zu den blassen gekräuselten, malvenfarbenen Blüten, die nach Holunder duften. Besonders reizvoll sind ihre panaschierten Gartensorten 'Argenteo-variegata' mit silbrig gestreiften Blättern und 'Aureo-variegata' mit goldgestreiften Schwertblättern. Eine der beliebtesten Irisarten ist die historische *Iris florentina* mit ihren weißen Blüten. Die Rhizomen dieser Pflanze entwickeln beim Trocknen einen starken Veilchenduft. Iris wurden deshalb in der Antike auch Veilchenwurz genannt. Die pulverisierten Wurzelstöcke bilden auch heute noch den Grundstoff für kosmetische Erzeugnisse. Die Toskana und Florenz, wo diese Pflanze auch wild wächst, sind das Zentrum des Iris-Anbaus. Ein alkoholischer Auszug der Iriswurzel gab früher dem Chianti seine Würze.

Einen etwas weniger angenehmen Geruch hat *Iris foetidissima*. Diese Irisart ist jedoch wegen ihrer außergewöhnlichen scharlachroten Samenkapsel interessant. Sie kann auch in den Halbschatten gepflanzt werden.

Eine andere Staude mit angenehmen Wohlgeruch ist *Aruncus dioicus*, der Geißbart. Er kann bis zu 2 m hoch wachsen, hat farnartiges Laub und weiße Blütenrispen, die nach frisch gemähtem Heu duften. Geißbart ist eine wertvolle Staude, die in keinem Garten fehlen sollte. Gemeinsam mit Rittersporn, Glockenblumen oder Astilben sieht diese Pflanze ebenso attraktiv aus wie als Solitärgewächs. Geißbart ist zweihäusig, die männliche Pflanze bringt die größeren Blütenrispen.

Galega officinalis, die Geißraute, ist eine Staude für trockene Gärten und hat lavendelblaue oder weiße Blüten.

Taglilien – der Name sagt es schon – sind trotz der kurzen Blütezeit der einzelnen Blumen wertvolle und duftende Gartenpflanzen. Die modernen Hybriden der *Hemerocallis* bringen heute eine so große Vielfalt und variieren so in ihrer Blütezeit, daß ein Taglilienbeet über lange Zeit in Blüte stehen kann. Viele von ihnen duften nur schwach, so z. B. *H. flava* mit lilienartigen Blütenblättern und einem Duft, der an den von Geißblatt erinnert. Taglilien sind sehr leicht zu ziehen. Sie wachsen in jedem Garten, in sonniger oder halbschattiger Lage. Die modernen Hybriden habe oft elegant geschwungenes, grasartiges Laub. *Hemerocallis* gibt es in einer riesigen Farbpalette, neuerdings auch zweifarbig und in Rosa. Die Chinesen verwendeten lange Zeit die getrockneten Knospen als Gemüse.

Dictamnus albus, landläufig Diptam genannt, ist eine Pflanze, die ungestört bleiben möchte, und das dankt sie mit fantastischen weißen oder purpurnen

Besonders schöne Bartiris 'Shephard's Delight'.

Links: Die gefüllte Blüte einer Baumpaeonie, hier eine Hybride von *Paeonie lutea*.

Unten: Eine frühe Strauchpfingstrose mit duftenden Blüten: 'Bowl of Beauty'.

Rechts: Blütenstände des Brennenden Busches, *Dictamnus albus* 'Purpureus'

Unten: Eine Gruppe von Taglilien *(Hemerocallis flava)*.

Seiten 92–93
Links: Zart und graziös – alte Federnelkensorte 'Old Crimson clove'.

Rechts: Farbintensive Bartnelken *Dianthus barbatus*.

aufrechtstehenden Blütenrispen. Die Pflanze ist in all ihren Teilen aromatisch. Das eschenförmige Laub wie auch der außergewöhnlich schönen Blüten verströmen an einem warmen Sommertag einen zitronenähnlichen Duft. Es ist das aus winzigen Drüsen sich verflüchtigende ätherische Öl, das diesen Wohlgeruch verursacht. Den Beinamen »Brennender Busch« trägt Diptam wohl wegen der Geschichte, daß sich die Samenkapseln mit den ätherischen Ölen entzünden, sobald man ein brennendes Streichholz daran hält. In Wirklichkeit funktioniert dies nur an sehr heißen Standorten und nach einer langen Schönwetter-Periode. Eventuell kann man die Samenkapseln im Haus trocknen, um dieses »Verpuffen»« zu erleben.

Daß Nelken zu den höchst duftenden Gartenpflanzen gehören, braucht wohl nicht besonders betont zu werden. Ganz besonders wohlriechend sind dabei die alten Sorten der Gartennelken, die von *Dianthus caryophyllus* abstammen. Mit ihnen wurden früher Wein und Ale gewürzt. Die kleineren Federnelken *(D. plumaris)* tragen ihre Namen wegen der fedrigen ausgefransten Blüten. Es gibt zahlreiche Sorten und Farben und bis auf wenige Ausnahmen sind sie alle duftend. Eine beliebte Zweijährige aus dieser Pflanzenfamilie ist die Bartnelke

(D. barbatus). Ihre wohlriechenden Blütenbüschel bilden sich an aufrechten Stielen und erscheinen in vielen Farben. Bartnelken werden meist zweijährig aus Samen gezogen.

Zu den farbigsten im Sommer blühenden Gartenstauden für einen sonnigen Platz gehören die Monarden *(Monarda didyma)*. Es sind leicht zu kultivierende Pflanzen für Sonne und auch Halbschatten mit aromatischen, nesselähnlichen Blättern, weshalb ihr der Volksmund den Namen Indianernessel gab. Ihre Blüten sitzen quirlartig an hohen festen Stielen, und sie erscheinen in verschiedenen Farben. 'Cambridge Scarlett' ist eine scharlachrote Sorte, es gibt aber auch purpurfarbene, weiße und lachsgetönte. Monarden sind etwas empfindlich gegen Trockenheit. Die süßduftenden Blätter werden als Tee gekocht, man kann sie auch als Gewürz verwenden.

Immer beliebter werdende Pflanzen und nicht nur wegen des Duftes, sondern vor allem als dekorative Blattpflanze, sind Hostas oder Funkien. Es sind stattliche Gartenstauden mit breitem attraktivem Laub in verschiedensten Grüntönen. Im August wird dieses begleitet von lilienförmigen weißen, lilafarbenen oder purpurnen Blüten an hohen Stielen. Bei der Auswahl der Pflanzen muß man beachten, daß nur wenige Arten und Sorten duften. *Hosta plantaginea* ist eine weißblühende, nach Lilien duftende Hosta, ebenfalls ihre etwas höhere Sorte 'Royal Standard'.

Rechts: Die lavendelartigen Blütenstände der Katzenminze *(Nepeta × faasenii)*.

Unten: Staudenphlox mit seinen duftenden Blütendolden *(Phlox paniculata)*.

Phlox paniculata, der Staudenphlox, ist eine Spätsommerblume. Mit seinen süß nach Honig duftenden Blütendolden an hohen Stielen ist er eine der auffälligsten im spätsommerlichen Staudengarten. Phlox gibt es in vielen Schattierungen von Rosa bis Purpur, oft mit für diese Blüte typischen andersfarbigem Auge. Phlox bevorzugt halbschattige Beete und muß bei trockener Witterung gut gegossen werden.

Eine blattduftende Pflanze mit graugrünem Laub und lavendelblauen Blüten ist Katzenminze *(Nepeta faassenii)*. Eine Staude, die in sonnigen trockenen Lagen eine attraktive Einfassung bildet. Katzenfreunde machen ihren Lieblingen mit dieser Pflanze eine besondere Freude. Katzen lieben den Duft und wälzen sich hingebungsvoll in der Staude, knabbern sie auch gerne an. Manchmal allerdings sieht die Pflanze danach entsprechend gerupft aus.

Verschiedene Kleinstauden, die verholzen, sind für ein »mixed border«, wie Staudenbeete heute gerne genannt werden, ebenfalls gut geeignet: Zahnlavendel *(Lavandula dentata)* z.B. mit dem duftenden Laub und den blauen Blütenähren oder *Santolina chamaecyparissus* (Heiligenkraut) eine schöne feingliedrige Gartenpflanze mit aromatisch silbrigem Laub und einer Fülle von gelben kugelförmigen Blütenköpfen im Spätsommer. *S. neapoletana* hat blassere Blüten und etwas längere Blätter, so daß ein grauer Gesamteindruck entsteht. Ihr Duft ist eher unangenehm. Alle *Santolina*-Gewächse benötigen Winterschutz und magere, durchlässige Erde.

Süß und wohlriechend duften die aromatischen Blätter der Storchschnabelgewächse. *Geranium macrorrhizum* ist eine halbimmergrüne Staude, die für

jeden Standort geeignet ist. Ihr wohlgeformten, tief eingeschnittenen Blätter bilden einen schönen Bodendecker.

Salvia officinalis das bekannte Küchengewürz wie auch die anderen Salbei-Sorten mit verschiedenen Blattvarianten duften ebenfalls stark. Dem großblättrigen *S. sclarea*, dem Muskatellersalbei kommt eine besondere Bedeutung zu. Seine würzigen Blätter wurden früher für Duftmischungen ebenso verwendet wie als Medizin. Das bei der Destillation frei werdende ätherische Öl wurde zur Aromatisierung dem Wein beigegeben (ergab Muskatwein). Eine andere Salbei-Art ist *S. turcestanica*, auch Vatikan-Salbei genannt, der schon bei geringster Berührung seinen Duft für Stunden hinterläßt. *S. nemorosa* ist eine beliebte blaublühende Staude und *S. rutilans* duftet etwas nach Ananas. *S. rutilans* ist leider nicht winterhart, aber eine dankbare Kübelpflanze.

Zu den kleinen Gehölzen mit duftendem Laub gehört der Rosmarin. *Rosmarinus officinalis* ist eine Pflanze, die im Mittelmeerraum beheimatet ist, und dort bis zu 2 m hoch wird. Rosmarin ist mit seinen nadelförmigen »Blättern« und den himmelblauen winzigen Blüten nicht nur ein Küchenkraut, sondern auch eine schöne Steingartenpflanze. Als Mittelmeergewächs braucht er sehr viel Sonne und einen gut durchlässigen, eher mageren Boden. Da Rosmarin bei

Die sehr dekorativen Blätter des panaschierten Salbei *Salvia officinalis tricolor*.

uns im allgemeinen nicht winterhart ist, sollte man ihn in einem kühlen, hellen Raum frostfrei überwintern.
Verschiedene Minzearten, auch panaschierte oder goldblättrige Thymiane die sehr gerne von Bienen besucht werden, und die Sumpfmyrthe *(Myrica gale)*, ein kleiner stark aromatischer Busch mit goldenen Blütenkätzchen, der auf saurem Boden wächst, zählen ebenfalls zu den blattduftenden Pflanzen.
Die reizvollste aber ist *Lippia citriodora* syn. *Aloysia triphylla* auch Zitronenverbene genannt. Eine in Südamerika beheimatete Pflanze, die leider bei uns nicht winterfest ist, obwohl ich meine Pflanze im Freien an einer Südmauer, allerdings im Küstenklima, schon beinahe 40 Jahre ziehe. Ich schneide sie im Herbst zurück und bedecke sie gut mit Laub und einer Folie. Im Frühjahr treibt sie dann neu aus. Zitronenverbenen lassen sich aber problemlos als Kübelpflanze kultivieren. Die malvenfarbenen Blüten sind unscheinbar, aber die zarten blaßgrünen Blätter von *Lippia citriodora* verströmen einen intensiven Zitronenduft, der die Mühe einer Überwinterung auf alle Fälle lohnenswert macht. Die getrockneten Blätter bilden eine ideale Ergänzung für Potpourris oder Duftsäckchen. Einige Teespezialisten verwenden sie auch für Zitronentee.

Unten links: Hier eine andere Form des Salbei: *Salvia officinalis* 'Icterine'.

Unten rechts: Blühender Muskatellersalbei, dessen Öl in der Parfümindustrie verwendet wird.

Pflanzen für Duftpfade

Rechts: Die beliebten Duftwicken, hier die Sorte 'Painted Lady'.

Unten: Nachtviolen duften besonders in den Abendstunden.

Eine sehr wenig bekannte, aber sehr liebenswerte Pflanze ist der Steinquendel *Calamintha nepetoides*, wie er botanisch heißt. Er trägt zahlreiche zartlila Blüten. Steinquendel blüht auffallend lange und seine Blätter verströmen bei Berührung einen minzeartigen Duft. Diese Eigenschaft macht man sich am geschicktesten zunutze, indem man die Staude in die Fugen von steinernen Wegbelägen pflanzt – es duftet bei Schritt und Tritt!

Ebenfalls zwischen Steinen oder Wegplatten gedeihen ganz niedrige Thymianarten *(Thymus serpyllum)*, auch die Römische Kamille *(Anthemis nobilis)*. Von der Römischen Kamille setzt man z. B. im Frühling auf die gelockerte und unkrautfreie Fläche etwa 10–20 Pflanzen pro m^2. Schon im Laufe des ersten Sommers erhält man eine geschlossene Pflanzendecke. Der Kamillenrasen wird dichter, wenn man ihn ab und zu stutzt, man verzichtet dann aber auf die Blüte. Die Spanische Minze *(Mentha requienii)* ist eine winzige blaublühende Staude, mit intensivem Pfefferminzgeruch, aber nicht so winterhart.

Duftende Blüten des Leimkrauts *(Silene armeria)*, klein aber farbenfroh.

Seiten 102–103
Links: Geißraute, eine gute Pflanze für den Hintergrund einer Rabatte.

Rechts: Ringelblumen *(Calendula officinalis)*, heilkräftige und würzig duftende Bauerngartenblume.

Rechts: Einfache und gefüllte Levkojen gemeinsam mit Federnelken.

Unten: Die unscheinbaren, aber wohlriechenden Blütenstände von Reseda.

Kurzlebige Sommerschönheiten

Ein sommerlicher Duftgarten kann mit Einjahresblumen gut ergänzt werden. Diese Sommerblumen eignen sich auch wunderbar für Hängekörbe oder Schalen und Kästen, für Balkon und Terrasse. Die weniger widerstandfähigen zieht man unter Glas heran und pflanzt sie nach den Frösten aus. Alle frostfesten können an Ort und Stelle ausgesät werden, im Frühling oder Sommer, je nach gewünschter Blütezeit.

Manche dieser Pflanzen teilen uns ihren Duft schon durch ihren Namen mit, z. B. Duftwicken *(Lathyrus odoratus*, nicht alle Sorten duften!), eine besonders gut für die Vase geeignete zauberhafte Kletterpflanze, Duftreseda (siehe unten) oder Duftsteinrich *(Lobularia* syn. *Alyssum maritimum)*, eine dankbare niedrige Pflanze, die am besten in größeren Tuffs zur Geltung kommt und intensiv nach Honig duftet.

Darüber hinaus gibt es noch eine Vielzahl duftender Ein-, Zwei- oder Mehrjahrespflanzen, die auch leicht aus Samen gezogen werden können: *Lupinus*

lutea, die 60 cm hohe Duftlupinie oder das altmodische *Heliotropium arborescens* mit seinen nach Vanille duftenden violetten Blüten. Heliotrop braucht viel Sonne und Wärme. *Gilia tricolor* eine robuste Pflanze mit blauen, goldenen oder purpurfarbenen Blüten oder die hochwachsende purpurviolette zweijährige Mondviole *(Hesperis matronalis)*, die stark nach Nelken duftet, sind zwei weitere Duftpflanzen aus der reichen Auswahl. Nicht zu vergessen ist das Löwenmaul *(Anthirrhinum)*, das sich leicht aus Samen ziehen läßt. Löwenmaul ist in vielen Farben erhältlich und duftet süß, etwas streng.
Eine ziemlich bekannte Duftpflanze ist Reseda *(Reseda odorata)*. Sie war früher wegen ihres Wohlgeruchs weit verbreitet und ist heute zu Unrecht fast in Vergessenheit geraten. Reseda kann gut im Topf kultiviert werden, vorausgesetzt ihre Samen bleiben unbedeckt (Lichtkeimer).
Die wohl anspruchsloseste Sommerblume ist *Calendula officinalis*, die Ringelblume, mit ihrem herben Duft. *Calendula* ist eine beliebte Bauerngartenpflanze und eine lang haltende Schnittblume. Wer sie einmal hat, wird sie auch so schnell nicht mehr los – Ringelblumen versamen sich leicht von selbst und tauchen dann überall im Garten wieder auf.

Links: Blüten von *Limnanthes douglasii*, der Eierpflanze.

Unten: Von der Kapuzinerkresse (hier die Sorte 'Alaska') sind Blüten und Blätter eßbar. In Salaten und als Brotbelag verwendet, haben sie einen scharf-würzigen senfartigen Geschmack.

Eine üppige Hochsommerblume ist auch die Kapuzinerkresse. Von *Tropaeolum* gibt es verschiedene Varianten, kletternde oder kriechende, einfachblühende oder gefüllte. Alle strömen einen markanten Duft aus und ihre Blüten und Blätter sind eßbar. *Ionopsidium acaule* und *Limanthes douglasii* (Sumpfblume), beides sehr kleine Pflanzen, zählen ebenfalls zu den sommerlichen Duftgewächsen. Levkoyen *(Matthiola)* sind Zweijahresblumen, die ihrer auffälligen Blütenstände, ihrer Farben und ihres starken Duftes wegen sehr geschätzt werden. Bekannt ist die hohe elegante Zuchtform *M. incana*, aber es gibt auch eine kleine nachtblühende und nach Nelken duftende Wildart *(M. bicoris)* Gemshorn, die allerdings schwer zu bekommen ist.

Petunien *(P. multiflora* und *P.*-Hybriden) sowie der nachtduftende Ziertabak *(Nicotiana alata)* werden als Einjahrespflanzen gezogen und sind beliebte Beet- und Balkonpflanzen. Beide brauchen gute, nährstoffreiche Erde. In nassen Sommern »verregnen« leider die Blüten häufig.

Die gelbe, duftende Nachtkerze *(Oenothera missouriensis)* ist eine winterfeste Staude, ihre wildwachsende Verwandte *O. biennis* ist dagegen eine Zweijährige, die abends herrlich erfrischend duftet.

Rechts: Gelbe Nachtkerze, *Oenothera missouriensis.*

Unten: Weißer Ziertabak *(Nicotiana affinis)* duftet am besten am Abend.

Zwiebelblumen

Zwiebelpflanzen müssen nicht immer nur dem Frühling vorbehalten sein. Einige der Zwiebel- und Knollengewächse sind wahre Exoten und fühlen sich in der Sonne erst richtig wohl, Lilien zum Beispiel. Eine der frühesten und wahrhaft königlichen ist *Lilium regale* – die Königslilie. Sie wurde von einem englischen Botaniker um die Jahrhundertwende im tibetanisch-chinesischen Grenzland entdeckt. Die Pracht des Anblicks zehntausender wildwachsender Lilien war wohl überwältigend. Nirgendwo sonst auf der Welt sind *L. regale* als Wildpflanze entdeckt worden. Von diesen Aristokraten unter den Zwiebelpflanzen existieren zahlreiche Hybriden in vielen schönen Farben.

Lilien (Ausnahme: Madonnenlilie) müssen tief (15–23 cm) gepflanzt werden, da sie sowohl unten an der Zwiebel als auch oberhalb, direkt am Stengel Wurzeln bilden. Alle Lilien brauchen humusreiche gut dränierte Erde. Lilien können durch Teilung unmittelbar nach der Blüte vermehrt werden. Sie lassen sich aber auch gut aussäen und blühen dann frühestens im zweiten Jahr. Die in Europa wohl bekannteste Lilie ist die Madonnenlilie *(L. candidum)*, deren Ursprünge bis in die Antike reichen und die schon den Minoern in Kreta bekannt war (1750 v. Chr.). Über die Römer gelangte diese mythische Blume nach Zentraleuropa. Im Mittelalter, dem Zeitalter der Madonnenverehrung hatte sie ihren Verbreitungs-Höhepunkt, sie war ein unentbehrliches Prunkstück in Kloster- und Bauerngärten. *L. candidum* ist eine sehr große Pflanze, sie kann bis zu 1,80 m hoch werden und trägt makellose weiße Blüten mit goldgelben Staubgefäßen. Ihr Duft verbreitet sich vor allem abends.

Madonnenlilie bilden nur Grundwurzeln, die Zwiebeln darf man daher höchstens 3,5 cm mit Erde bedecken. Beste Pflanzzeit für diese Lilie ist Juli/August, bald nach der Blütezeit, bevor die überwinterten Basalblätter sich bilden. Madonnenlilien sind extravagante Gewächse, die in manchen Gärten hervorragend gedeihen, in anderen aber scheitern. Wenn sie sich einmal gut im Garten etabliert haben, wollen sie nicht mehr gestört werden.

Zahlreiche andere Lilienarten fühlen sich ebenfalls im Staudenbeet recht wohl. Da wäre einmal *L. henryi*, eine gut duftende Sorte mit hohen bogenförmigen Trieben und aprikosengelben Blütenständen, die den Türkenbundlilien ähnlich sind. *L. speciosum* eine weiße Lilie mit pinkfarbener Zeichnung der spätsommerlichen Blüte. *L. auratum* ist vielleicht die feinste aller Lilien und trägt sehr große weiße trichterförmige Blüten mit gelber oder roter Zeichnung. Eine Blume, die über 2 m hoch werden kann.

Alstroemerias werden Perulilien oder Inkalilien genannt, obwohl sie eigentlich zur Familie der Amaryllis gehören. Die aus Chile stammende orangerote *A. aurantiaca* läßt sich am leichtesten kultivieren. Sie trägt büschelförmige Blütenköpfe mit kleinen lilienartigen Blüten in Flamingo-Orange an 90 cm hohe Stielen. An einem sonnigen Platz gedeiht sie üppig. Da sie sich über

Rechts: Lilien, hier *Lilium auratum*, kann man auch im Kübel kultivieren.

Seiten 112–113
Links: Blüten der Perulilie *(Alstroemeria aurantiaca)*.

Rechts: Die weißen Blütenkerzen der Sommer-Hyazinthen *(Galtonia candicans)*.

Stolonen unterirdisch vermehrt, neigt sie etwas zum Wuchern. Eine andere exotische Perulilie ist die duftende rosablühende *A. ligtu* (ca. 1 m hoch), die aus den Anden zu uns kam und mit der roten *A. haemantha* gekreuzt wurde. Es entstanden daraus gute Gartenhybriden in einer schönen Farbskala von Creme bis Lachsorange. Alle mit angenehmem Duft und gut zum Schnitt. Sie blühen bereits im Frühsommer, wuchern nicht und tragen kurioserweise die Blätter verkehrt herum. Die Blattstiele sind in sich verdreht, so daß die Blattunterseite nach oben zeigt. Die Wurzelstöcke werden ca. 15 cm tief gepflanzt und nach und nach etwas angehäufelt.

Galtonia candicans, die aus Südafrika kommende, 90–120 cm hohe »Riesenhyazinthe« ist ebenfalls eine Duftpflanze für den Sommer. Ihre weißen Blütenglocken mit dunklen Staubfäden an hohen kräftigen Stielen bringt sie zu einer Zeit, in der blühende Beetpflanzen schon rarer werden. Gemeinsam mit Bartiris oder mit Sträuchern gibt sie ein schönes Gartenbild.

Aus der Familie der Gladiolen sind nur wenige duftend. Vor allem sind es die südafrikanischen Arten und *Gladiolus tristis*, eine sehr sonnenliebende Art mit creme-gelben zugespitzten Blütenblättern.

Die schönen und duftenden Blüten des Geißblattes *(Lonicera × americana)*, hier als Bodendecker am Rand einer Staudenrabatte.

Kletterpflanzen

An warmen Sommerabenden werden auch duftende Kletterpflanzen sehr geschätzt. Das gewöhnliche Geißblatt *(Lonicera)* ist dabei eine besonders beliebte Pflanze. Aber auch hier muß man beim Kauf aufpassen, nicht alle *Lonicera*-Arten sind duftend. Eine sorgfältige Auswahl ist ratsam, weil man eine Kletterpflanze nachträglich nur noch schlecht verpflanzen kann. Einige Geißblatt-Arten, bei denen man kaum eine Enttäuschung erlebt, sind *L. × americana* mit gelbem Blütenquirl; *L. caprifolium*, eine weiß bis rosablühende Art und *L. hildebrandiana* eine besonders stark wüchsige Art für geschützte Lagen, mit paarweise angeordneten weißen Blüten, deren Farbe ins Orange übergehen. *L. japonica* ist eine schwer duftende immergrüne Art mit weißen Blumen. Das heimische wilde Geißblatt *(L. periclymenum)* mit gelblichweißen Blüten überrankt schließlich alles in seiner Nähe und betört mit seinem Duft. Bekannt ist diese Art unter dem Namen »Je länger je lieber«. Eine schöne Sorte ist 'Belgia', das Holländische Geißblatt, mit einer etwas

Seiten 116–117
Links: Die nach Schlüsselblumen duftende *Clematis rehderiana*.

Rechts: Blütentrauben der *Wisteria* (Glyzinie).

Unten: Ein Tuff weißer duftender Stauden-Clematis gemeinsam mit gelb blühendem Frauenmantel.

buschigeren Wuchsform. Die Hybride *L.* × *tellmannia* ist eine hübsche laubabwerfende Pflanze mit Knäueln von tiefgelben Blüten. Geißblattarten wachsen besser im Halbschatten als in praller Sonne, wo sie krankheitsanfällig werden. Nahrhafte, nicht zu trockene Erde begünstigt ihr Wachstum.

Von den großblumigen Clematishybriden sind die meisten duftlos. Es sind die kleinblütigen Clematis, die im Mai/Juni einen angenehmen Wohlgeruch ausströmen. In der robusten und üppig blühenden Gruppe der *Clematis montana* gibt es einige duftende Sorten. 'Wilsonii' mit gedrehten beigen Blütenblättern ist eine außergewöhnliche Pflanze. Von allen *C. montana*-Sorten hat sie den stärksten Duft. Sehr angenehm duften auch *C. montana* 'Elisabeth' mit rosagetönten Blüten und 'Alexander', eine weißblühende Clematis. Die kleinblütigen Clematis sind schnellwachsende Kletterer für naturnahe Gartenpartien. Andere duftende Clematisarten sind *C. flammula* mit kleinen weißen, nach Mandeln duftenden Blüten im Spätsommer und die nach Schlüsselblumen riechende *C. rhederiana*. Auch die staudenartige *C. heracleifolia* 'Davidiana', die nur 90 cm hoch wächst und blau blüht, oder die weiße *C. recta* mit sternförmigen weißen Blüten sind duftend.

Rechts: Die schwertartigen Blätter der duftenden Kalmuspflanze (*Acorus calamus* 'Variegata').

Unten: Blüten des Escallonia-Strauches (*Escallonia macrantha*).

Eine Blüte der nicht ganz winterharten Kletterpflanze *Akebia quinata*.

Zu den duftenden Kletterpflanzen gehören natürlich auch die Rosen. Auf die einzelnen Sorten wurde auf S. 156 hingewiesen. Diese Rosen bilden eine gute Kletterhilfe für Clematis und beide ergänzen sich wunderbar durch ihre unterschiedlichen Blütezeiten. Zeitig im Frühling werden die sommerblühenden Clematis zurückgeschnitten und sie blühen zu einer Zeit, wenn die Rosenblüte zu Ende geht.

Einige andere Kletterpflanzen sollen nicht unerwähnt bleiben. *Wisteria sinensis* (Glyzine) mit riesigen weißen oder blauen Blütentrauben im Frühling und bei gutem Standort mit einer Nachblüte im Frühsommer ist zwar winterhart, liebt aber einen geschützten Standort. Verpflanzen hat sie nicht besonders gern. Sie ist eine starkwüchsige Pflanze, die in guten Lagen riesige Bäume bilden kann. Entsprechend nährstoffreich und tiefgründig gelockert muß der Boden an der Pflanzstelle sein.

Akebia quinata ist eine sehr schlanke Schlingpflanze, die den tiefen Schatten liebt und purpurfarbene Blütenbüschel trägt. Bei Vorhandensein einer männlichen und einer weiblichen Pflanze trägt *Akebia* im Herbst purpurne Früchte. *Akebia* ist an geschützten Standorten winterhart. Sie wächst in jeder Bodenart, sofern genügend Feuchtigkeit vorhanden ist. Sie braucht eine Kletterunterlage, und ist sehr gut geeignet für Terrassen und Balkons.

Duftende Blumen am Wasser

Selbst unter den Wasserpflanzen fehlen duftende Pflanzen nicht. Die von der nordamerikanischen *Nymphea odorata* abstammenden Seerosensorten sind besonders hervorzuheben, z. B. die 'Pink Opal' oder die sehr exotisch wirkende nachtblühende 'Red Flare'. Zu den wohlriechenden Wasserpflanzen gehören auch *Mimulus ringens* mit malvenfarbenen Blüten und süßlich aromatischen Blättern, *Acorus calamus* eine blattduftende Pflanze, bei der auch die Wurzeln wohlriechend sind, der duftende Wasser-Weißdorn *(Aponogeton distachyus)* und *Cotula coronopifolia*, eine Pflanze die nach Zitrone riecht. Besonders für naturnahe Teiche ist das Mädesüß *(Filipendula ulmaria)* mit seinen hohen cremeweißen und süß-würzig duftenden Blütenrispen zu empfehlen.

Spätsommer und Herbstreife

Mutterkraut, *Chrysanthemum parthenium*

Wenn zarte Spinnenfäden durch die Luft segeln, dann kündet der Altweibersommer mit seinen allerletzten wirklich heißen Tagen das Ende der schönen Jahreszeit an, aber auch der herbstlicher Garten hat eine ganz eigene Schönheit, die wir über die Frühlingsfrische und der Pracht des Sommers oft vergessen. Es ist die Zeit der Reife. Das würzige Aroma der Früchte, vermischt sich mit dem Duft spät blühender Bäume und Sträucher oder später Stauden und Zwiebelpflanzen. Von denen gibt es einige außergewöhnlich attraktive zu dieser Jahreszeit.

Blütendüfte zum Ausklang des Sommers

Die aus Äthiopien stammende Sterngladiole *Acidanthera bicolor* 'Muriale' ist eine der eindrucksvollsten. Die weißen, in geöffnetem Zustand sternförmigen Blüten mit purpurner Basis werden von grasartigem Laub begleitet. Es ist eine sehr dankbare Pflanze, die von August bis Oktober an jedem Blütenstiel acht bis zehn duftende Blüten trägt. Sterngladiolen werden ähnlich wie andere nicht winterharte Zwiebelgewächse behandelt. Nach den Frühjahrsfrösten pflanzt man sie ca. 12 cm tief in gut durchlässige Erde. Mit einer Glasglocke bedeckt, können sie bereits ab April vorgetrieben werden. Man kann sie auch in Töpfen (nicht unter 16 °C) vorziehen und bei entsprechenden Temperaturen in den Garten auspflanzen. Sterngladiolen bilden mit den rosaroten Nerinen *(Nerine bowdenii)* einen Blütenhöhepunkt im Spätsommer.

Eine andere Zwiebelblume aus einer warmen Klimazone ist *Crinum × powellii*, die Hakenlilie. Dies sind prächtige südafrikanische Zwiebelblumen mit großen schwingenden bandförmigen Blättern. Die weißen oder rosafarbenen trichterförmigen Blüten, die sich nach und nach öffnen, sind besonders attraktiv. Sie sind auch wegen ihrer langen Haltbarkeit als Schnittblumen sehr begehrt. Die sehr großen Zwiebeln werden so gepflanzt, daß die Triebspitzen nur leicht mit Erde bedeckt sind. Nur an sehr geschützten Stellen können sie mit Laub abgedeckt den Winter im Freien überstehen. Die bessere Überwinterung ist die Aufbewahrung in einem Gewächshaus oder einem kühlen, hellen Raum. Hakenlilien wollen einen nahrhaften, gut durchlässigen Boden und reichlich Wasser im Sommer. Vermehrt werden sie durch Teilung.

Eine herbstblühende Pflanze mit interessanter Geschichte ist der *Crocus sativus*, die berühmte Safranpflanze. Im September/Oktober öffnen sie ihre violett bis purpurnen Blüten mit den goldgelben Staubgefäßen. Diese Staubfäden sind der berühmte Safran. *C. sativus* ist eine sehr kleine Pflanze, die aber in einer größeren Gruppe recht attraktiv aussieht.

Ebenfalls sehr zart, aber mit einer reichlichen Blüte im Herbst, wächst das Wildalpenveilchen *Cyclamen hederaefolium*. Ihre rosa oder weißen Blüten erscheinen vor dem Blattaustrieb. Das grün/weiß marmorierte Laub ist unter-

Oben rechts: Efeublättrige Cyclamen *(Cyclamen hederaefolium)*.

Unten rechts: Ideale Schnittblumen sind die Blütenzweige von *Crinum × powelii*.

Blüten der reich-duftenden Sterngladiole *Acidanthera bicolor* 'Murielae'.

schiedlich groß und bildet im Spätherbst und Winter einen hübschen Bodendecker. Kurios ist, daß die Stiele der welkenden Blüten sich um die Samenkapseln einrollen und sie in die Erde ziehen. *Cyclamen* verlangen halbschattige Lage und sehen unter laubabwerfenden Bäumen besonders hübsch aus. Die Knollen dieser kleinen Pflanze können eine enorme Größe erreichen und sollten jährlich mit einer Schicht aus Lauberde gemulcht werden.

Die Garten-Chrysanthemen und auch *Chrysanthemum balsamita*, das Balsamkraut oder Marienblatt, wie es auch genannt wird, sind die wichtigsten Stauden für eine Herbstblüte. Das blattduftende Balsamkraut stammt aus dem vorderasiatischen Raum und trägt den Namen Marienblatt seit dem Mittelalter, da es häufig als Schmuck für Marienverehrung benutzt wurde. Die Engländer verwendeten diese überaus aromatische Pflanze zum Würzen ihres Biers. Der englische Botaniker John Parkinson beschrieb den Duft von Balsamkraut als einen der süßesten und empfahl sie gemeinsam mit Lavendel für Kräuterkissen, da der Duft auch nach dem Trocknen nicht verlorengeht. *C. balsamita* wächst 90 cm hoch und trägt hübsche hellgrüne Blätter und zahlreiche gelbe Blüten, ähnlich dem Rainfarn.

Ebenfalls zur Familie der Chrysanthemen gehört eine andere duftende Pflanze, das Mutterkraut *(C. parthenium)*. Schon in der Antike wußte man um die Heilkraft dieses Krautes und der Volksname stammt von der Verwendung bei Frauenkrankheiten, sowie als fiebersenkendes Mittel. Die Engländer nennen sie »feverfew«. Das Laub dieser Chrysanthemenart duftet stark nach Kampfer, während die weißen Blüten Kamillenblüten ähnlich sind.

Vielseitig und anspruchslos ist die Schafgarbe *(Achillea)*. Besonders ansprechend mit ihren prächtigen Blütendolden ist *Achillea filipendula*. Das silbrige, streng riechende Laub steht in schönem Gegensatz zu den großen tellerförmigen gelben Blüten. Schafgarbe ist ideal zum Trocknen für Gestecke.

Rechts: Mutterkraut in voller Blüte.

Unten: Balsamkraut *(Chrysanthemum balsamita)*.

Spätsommerliche Kräuter

Verschiedene Minzearten in ihren panaschierten oder goldblättrigen Formen oder das Winterbohnenkraut *(Satureja montana)* halten ihren Duft das ganze Jahr über. Ein immergrünes duftendes Küchen- und Heilkraut ist Ysop *(Hyssopus officinalis)*. Er hat rosa, weiße oder blaue Blüten und duftende, immergrüne schmale Blätter, die einen etwas bitteren Geschmack haben. Blätter wie Blüten können für Potpourris verwendet werden. Andere beliebte Kräuter mit duftendem Laub sind Gamander *(Teucrium chamaedrys)*, eine immergrüne Staude mit rosa Blüten und *Origanum vulgare*, der Dost, der immer noch mit seinen rosafarbenen Blütenbüscheln unzählige Hummeln und Bienen anlockt. Das wärme- und sonnenhungrige Basilikum entwickelt in schönen Altweibersommern den letzten »Dufthöhepunkt«. Basilikum gibt es in verschiedenen Sorten, groß- und kleinblättrige, dunkelrote und rot-panaschierte.

Artemisia abroatum, die Eberraute verdient einen besonderen Stellenwert unter den Duftpflanzen. Sie gehört zu den Beifußgewächsen und ist im Mittelmeergebiet beheimatet. Ihr Laub ist silbrig, sehr fein gegliedert und höchst aromatisch. Schon bei leisester Berührung gibt es einen herb-zitronenartigen, erfrischenden Duft ab. Eberraute ist eine sehr alte Heil- und Gewürzpflanze, die schon in der Antike viel Verwendung fand. In Mitteleuropa wurde sie in Klöstergärten und später in Bauerngärten gezogen. Einen ganz anderen sehr nützlichen Zweck erfüllt die Eberraute im Haushalt. Sie ist ein gutes Mittel gegen die Kleidermotte. Und der alte französische Name der Pflanze »Garderobe« (wörtlich: Kleiderwächter) leitet sich daher ab. Die gelben kugelförmigen Blüten sind wenig augenfällig und erscheinen im September. Die Pflanzen brauchen einen sonnigen Standort und eine gut dränierte Erde. Sie werden über Stecklinge oder Absenker vermehrt.

Eine andere Artemisienart, die manchmal zu bekommen ist, ist der Amerikanische Beifuß *A. tridentata*. Er ist immergrün mit keilförmigen, verschiedengroßen Blätter, die einen starken, angenehmen Duft ausströmen, der sich nach einem Gewitterregen noch intensiviert.

Links: Die süß duftenden Blüten der *Monarda didyma* 'Cambridge Scarlet' (Indianernessel).

Unten: Blaßgelbe Dolden der Schafgarbe *(Achillea filipendulina)*.

Gartengehölze

Eine der schönsten Duftsträucher des Spätsommers ist der Schmetterlingsflieder *(Buddleia davidii)*. Er schmückt sich bis in den Oktober mit violetten Blütenrispen, von deren vanilleartigem Duft unzählige Schmetterlinge wie magisch angezogen werden. Der Strauch friert in harten Wintern zwar bis auf den Boden zurück, treibt aber bereitwillig wieder aus.

Osmanthus heterophyllus (O. ilicifolius) mit dem deutschen Namen Duftblüte ist ein winterharter immergrüner Strauch mit dichtem buschigem, höchstens 3 m hohem Wuchs und dunklem, glänzendgrünen Laub. Im September/Oktober erscheinen kleine, eher unscheinbare weiße Blütenbüschel mit sehr wohlriechendem Duft. In seiner japanischen Heimat werden diese von blauen länglichen Früchten abgelöst. *Osmanthus* wächst in der Sonne und im Schatten und ist als Heckenpflanze geeignet. Über halbverholzte Stecklinge oder Absenker kann er von Juli bis September vermehrt werden.

Ebenfalls aus dem Fernen Osten (Japan) stammt ein robustes immergrünes Gewächs, die Ölweide *(Eleagnus pungens)*. Es ist eine ausladende Pflanze mit dornigen Zweigen und ledrigen glänzenden Blättern, die allerdings sehr starken Frost nich gut verträgt. Im Oktober/November blüht *Eleagnus* weiß. *E. pungens* 'Maculata' ist eine Varietät mit einem goldenen Fleck in der Blattmitte. Eine sehr wertvolle Form, weil sie in den trüben Spätherbsttagen dem Garten ein wenig Farbe bringt. Er wächst allerdings etwas langsamer. Die Zweige sehen auch als Vasenschmuck attraktiv aus.

Der Besenginster *(Spartium junceum)* ist ein Busch, der in die Breite geht. Seine binsenartigen Zweige übernehmen bei diesem wenig belaubten Gehölz einen Teil der Blattfunktion. Zur Blütezeit im Frühherbst ist der ganze Strauch mit süß duftenden erbsenähnlichen Blüten bedeckt. Am schönsten sieht er im Hintergrund einer Rabatte aus, wo die vorgepflanzten Stauden seine kahle Basis verdecken.

Besenginster ist eine hervorragende Küstenpflanze, die viel Sonne und mageren Boden benötigt. Leider ist sie nicht völlig winterhart. In Südeuropa werden die Blüten in der Parfümindustrie verwendet.

Aus Afghanistan stammt die Blauraute *(Perovskia altriplicifolia)*, ein Kleinstrauch für besonders sonnige Gartenplätze. Blauraute hat nach Salbei duftende, filzige Blätter. Im August/September blüht diese Pflanze in 50 cm hohen endständigen Rispen mit lavendelblauen Blüten. Die Pflanze wird jedes Frühjahr bis auf den Boden zurückgeschnitten. Sie ist kalkverträglich und wächst in gut dränierter Erde in sonniger trockener Lage.

Ebenfalls mit blauen Blüten schmückt sich im Spätsommer die Bartblume *(Caryopteris × clandonensis)*. Der anspruchslose Strauch friert in harten Wintern zwar bis zum Boden zurück, treibt aber wieder aus, seine Blätter duften beim Zerreiben herrlich aromatisch.

Oben links: Winterbohnenkraut.

Unten links: Eine ideale Pflanze für einen Kräutergarten ist der Gamander *(Teuricum chamaedrys)*.

Rechts: Aromatische graue Blätter und kleine blaue Blüten trägt *Perovskia atriplicifolia*.

Unten: Goldpanaschierte Blätter des *Elaeagnus pungens* 'Maculata', der im Spätherbst duftende Blüten trägt.

Kübelpflanzen – Duftgrüße aus dem Süden

Jasminum officinalis ist unvergeßlich zur Blütezeit. Seine kleinen weißen Blütenbüschel erfüllen den spätsommerlichen Garten mit einem köstlichen Wohlgeruch. Jasmin wird hell und kühl überwintert, ab Mitte Mai auf die Terrasse gestellt oder in ein Gartenbeet eingesetzt.

Die ebenfalls kletternde Passionsblume *(Passiflora caerulea)* bevorzugt eine vollsonnige Lage und gedeiht in nährstoffreichen Erden, die nicht austrocknen dürfen. Die Blüten erscheinen bis Oktober, und die Sorte 'Constance Elliott' ist delikat duftend. Die zahlreichen weißen Kronblätter tragen einen purpurnen Strahlenkranz und goldene Staubgefäße.

Zu den attraktivsten Duftpflanzen für die sommerliche Terrasse gehören zweifellos die nachtduftenden Engelstrompeten. *Datura suaveolens* kann bis zu 5 m hohe Bäume bilden, und die riesigen weißen Blütenkelche schmücken den Baum von Hochsommer bis Herbst. Es gibt auch Datura-Arten und Sorten mit halbgefüllten und mit gelben, roten oder rosafarbenen Blüten. Daturas

Links: Die schönen weißen Blüten des Duftjasmin *(Jasminum officinalis)*.

Unten: Am Rand einer Rabatte wächst hier die Eberraute *(Artemisia abrotanum)*.

wollen alle einen sonnigen, windgeschützten Platz und viel Wasser und Dünger, an heißen Tagen sollten sie sogar zweimal gegossen werden. Überwinterung hell und kühl.

Den Oleander *(Nerium oleander)* liebten schon die alten Römer. Die Wildform des Oleander hat große rosafarbene, aber duftlose Blüten. Im Laufe der Zeit sind jedoch viele duftende Sorten gezüchtet worden, in vielen verschiedenen Blütenfarben. Besonders die gefüllt blühenden Typen duften; am stärksten die rosafarbene Sorte 'Madame Planchon'. Gibt man dem Oleander einen sehr sonnigen Platz, regelmäßige Düngung und ausreichend Wasser (Oleander liebt nasse Füße), so kann man sich von Hochsommer bis Oktober an seinen Blüten erfreuen. Überwinterung hell und gerade frostfrei. Oleander ist in allen Teilen stark giftig!

Duftpelargonien sollten in keinem Duftgarten fehlen, und sei er auch noch so klein. Ihr Schmuck sind weniger die Blüten als vielmehr der Duft des schönen immergrünen Laubes. Allen voran seien die »Rosen-Pelargonien«, *P. capitatum* und *P. graveolens* empfohlen, beides wildvorkommende Arten, kräftig wachsend mit ausgeprägtem Rosenduft. Pfefferminz-Pelargonien (u. a. *P. tomentosum)* bilden buschige Pflanzen mit starkem Pfefferminzduft. Zitronen-Pelargonien sind wieder eine andere Art, deren Blätter einen angenehmen Duft nach verschiedenen Zitrusgewächsen verströmen. *P. crispum minor* duftet stark nach Zitrone, ebenso *P.* × Mable Grey mit feingliedrigen Blättern und große lilafarbene Blüten; *P.* × Prince mit blaßgrünem Laub duftet nach Orangen. Unter vielen anderen Arten sei noch die am stärksten duftende *P. odoratissimum* (duftet nach frischen Früchten) erwähnt, eine kleinblättrige Art, die sich gut als Ampelpflanze eignet. Duftpelargonien behandelt man wie normale »Geranien«. Sie brauchen einen sonnigen Standort und helle, frostfreie Überwinterung. Nur *P. tomentosum* bevorzugt Halbschatten.

Die Gardenie mit ihren wunderbar geformten, außergewöhnlich duftenden Blüten und den glänzenden Blättern galt von jeher als eleganteste unter den Duftpflanzen. Anfang unseres Jahrhunderts gehörte die Gardenie als »Knopflochblume« zur Abendgarderobe eines jeden modebewußten Herren. Gardenien haben den Ruf, kapriziös zu sein, wichtig ist eine leicht saure Erde (pH 6) und guter Wasserabzug. Im Sommer liebt sie einen hellen, windstillen, vor praller Sonne geschützten Platz, hohe Luftfeuchtigkeit und eine regelmäßige magnesiumhaltige aber kalkfreie Düngung. Im Winter hell und kühl.

Nicht ganz einfach zu pflegen aber umso attraktiver mit ihren betörend duftenden Blüten und den farbigen Früchten sind die Citrusgewächse. Während einige Arten früher im Jahr blühen (z. B. die Orange *Citrus sinensis,* die Mandarine, *C. reticulata,* die Kumquat, *Fortunella japonica)*, blüht die Zitrone *(C. limon)* und auch die Zitronatfrucht *(C. media)* das ganze Jahr über.

Im Sommer auf eine sonnige Terrasse stellen, im Winter hell und kühl. Immer mit kalkfreiem Wasser gießen, alle Citrusfrüchte reagieren auf Kalk mit Vergilben der Blätter!

Die kalte Jahreszeit

Seidelbast, *Daphne mezereum*

Zugegeben, es mag etwas ungewöhnlich sein, einen Duftgarten für den Winter zu planen. Aber die kalte Jahreszeit muß nicht gleichbedeutend sein mit einer toten Jahreszeit.

Duftende Pflanzen im Winter sind immer eine Freude, sei es als blühende Sträucher im Garten, über die man sich jedesmal freut, wenn man daran vorbeigeht, oder nur ein kleiner Zweig wohlriechender Blumen, der eine Vase schmückt. Es gibt zahlreiche frostharte Pflanze, die im Winter blühen, und kurioserweise sind die meisten unter ihnen duftend. Dies scheint etwas verwunderlich, da der Duft doch in erster Linie zum Anlocken der Blütenbestäuber dient, um diese Jahreszeit aber nur wenige Insekten fliegen.

Ein Duftgarten für den Winter will gut geplant sein, damit die Pflanzen an die richtige Stelle plaziert werden und man ihren Duft auch genießen kann. All jene Glücklichen, deren Garten groß genug ist, um einen kleinen Spaziergang darin zu machen, können die Gewächse verstreut pflanzen, so daß sie immer wieder in den Genuß des Wohlgeruchs kommen. Es ist aber auch sehr wirkungsvoll, duftende Pflanzen in Gruppen zusammenzusetzen. Sie unterstützen sich dabei gegenseitig in ihrer Form und ergänzen sich auch im Duft.

Pflanzen, die im Winter zwischen Ende November und Februar in Blüte stehen, aber nicht duften, sind verschiedene Erika-Arten, Christrosen, Winterstiefmütterchen und eine Anzahl Immergrüner.

Ein anderes, etwas problematisches »Winterthema« möchte ich noch ansprechen. Viele Duftpflanzen sind auf warm-trockenen Standorten zu Hause, wie die Küchenkräuter, oder sie stammen direkt aus südlichen Ländern. Daher finden Sie auch in diesem Buch eine ganze Menge Kübelpflanzen vorgestellt. Im Sommer geben sie unserem Garten und der Terrasse ein wunderbares südliches Flair und sind auch relativ pflegeleicht – aber im Winter? Diese immerwiederkehrende Frage hindert so manchen Blumenfreund daran, sich überhaupt Kübelpflanzen anzuschaffen. Ich kann Ihnen hier nur einige kleine Tips zur Überwinterung vermitteln, für tiefergehende Informationen möchte ich auf Spezial-Literatur verweisen (z. B.: »Die schönsten Kübelpflanzen« von Christoph und Maria Köchel, BLV-Verlag).

Kurz gesagt: Die meisten Kübelpflanzen wollen kühl und hell überwintert werden! Einige vertragen etwas Frost, z. B. Oleander, andere, wie die Daturas, erfrieren sofort bei Minusgraden. Gedüngt wird überhaupt nicht im Winterquartier – die Pflanzen sollen ja gerade nicht wachsen –, gegossen wird nur, um das völlige Eintrocknen des Ballens zu verhindern. Einige Sträucher lassen bei genügend niedrigen Temperaturen ihre Blätter fallen – dann kann man sie auch dunkel (aber kalt!), z. B. in einem ungeheizten Keller, unterbringen. Zu dunkel-warme Überwinterung kann man recht gut erkennen – die Pflanzen schieben blaßgrüne, weiche Geiltriebe, die sich »verzweifelt« zum Licht hinrecken. Ideal sind kühle Wintergärten und Gewächshäuser oder ein helles ungeheiztes Treppenhaus.

Einer der am längsten blühenden Sträucher ist *Viburnum farreri* (Winter-Duftschneeball).

Blühendes im Winter und Spätwinter

Unter den duftenden Winterblühern sind zweifellos die Schneeball-Gewächse mit ihrer langen Blütezeit die wertvollsten Gehölze. Der beste von allen ist *Viburnum farreri (V. fragans)*. Er wurde in einem chinesischen Bauerngarten entdeckt und von Reginald Farrer nach Europa gebracht. In seiner chinesischen Heimat wuchs er in einer extremen Höhenlage, so daß seine Winterhärte kann überrascht. In meinem Garten wurde vor 60 Jahren eine *Viburnum*-Hecke angelegt, die heute eine Höhe von 3 m erreicht hat. Abgesehen von einem leichten Schnitt im Herbst brauchen diese Pflanzen keine Pflege. Sie bilden aufrechte dichte Büsche mit hübschem Laub und einer Fülle von Blütenbüschel, deren weiße Knospen sich rosa öffnen. Die Blüte beginnt Ende Oktober und geht im März zu Ende. In dieser Zeit ist diese Hecke ein Duftparadies. Mit halbverholzten Stecklingen im Juli kann dieser Schneeball vermehrt werden. *V.* × *bodnantense* ist eine Hybride aus *V. farreri* und *V. grandifolium* einer anderen *Viburnum*-Art mit größeren und länger-

Die wachsartigen Blüten des *Chimonanthus praecox* (Winterblüte) erscheinen schon zeitig im Frühjahr an blattlosen Zweigen.

blühenden Blütenbüscheln. Dieser Duftschneeball ist in der Knospe dunkelrosa und im Aufblühen heller. Seine Blüten sind besonders frostresistent. Er ist eine sehr wertvolle Gartenpflanze. Seine Blütenzweige halten sich auch in der Vase gut.

In milden Klimagebieten ist *Chimonanthus praecox*, auch Winterblüte genannt, eine Pflanze, die in einem Duftgarten nicht fehlten sollte. Ihre zitronengelben kleinen Blüten mit purpurnen Staubgefäßen erscheinen im Spätwinter an den blattlosen Zweigen. Ihr Duft ist schwer-würzig, aber angenehm. Schon ein kleiner Zweig in der Vase erfüllt einen ganzen Raum mit seinem Wohlgeruch.

Von der Winterblüte gibt es einige Sorten, 'Grandiflora' z. B. hat größere purpurgefleckte gelbe Blüten und 'Luteus' ist eine reingelbe Sorte. *Chimonanthus* gedeiht nicht in kalter nasser Erde und ist nur in milden Klimagebieten winterfest. Er schätzt einen windgeschützten Platz an einer warmen Wand und fühlt sich in der Sonne am wohlsten. Diese Pflanze wächst langsam, kann aber nach Jahren zu einem Baum heranwachsen. Er ist kalktolerant und wächst am besten in gut durchlässiger Erde. Im Hochsommer kann man ihn über halbverholzte Stecklinge vermehren. Chinesische Frauen verwenden die duftenden Blütenzweige als Haarschmuck. Die gebündelten, ebenfalls duftenden Zweige sind Duftspender für Kleiderschränke.

Rechts: *Hammamelis mollis*, die amerikanische Zaubernuß.

Unten: Eine Verwandte der Forsythie, die weißblühende *Abeliophyllum distichum*.

Hamamelis virginiana, die amerikanische Zaubernuß, hat einen kaum wahrnehmbaren Duft und unscheinbare Blüten. Sie ist jedoch das Ausgangsmaterial für die »Zaubernuß«, ein Rindenextrakt, der jahrhundertelang von den amerikanischen Indianern als Wundheilmittel verwendet wurde. Die für den Duftgarten besser geeignete Pflanze aus dieser Familie ist die chinesische *H. mollis*, ein langsamwachsendes Ziergehölz mit stark duftenden Blüten, die bereits Anfang Januar erscheinen. Der Engländer E. A. Bowles nannte sie Epiphania-Pflanze weil sie zu Heilig Drei König blüht und die Farben der Gaben aus dem Morgenland symbolisiert. Das Gelb der Blüten für Gold, den Duft für Weihrauch und die Bitterstoffe in der Rinde für Myrrhe. *H. mollis* ist ein überaus schmuckvoller Strauch mit seinen goldgelben ausgefransten Blüten, die von Dezember bis März an den Zweigen haften. Eine zusätzliche Attraktivität ist die goldorange Färbung ihres Herbstlaubes. Die Sorte 'Pallida' hat blassere, aber große pomponartige Blüten in Schwefelgelb. 'Brevipetala' blüht orange-bronzefarben und 'Jelena', ein Abkömmling der *H.* × *intermedia,* ist kupferrot, duftet aber etwas schwächer.

Alle Zaubernußgewächse bevorzugen sauren Boden und einen sonnigen oder halbschattigen Platz. Eine jährliche Mulchdecke aus verrottetem Kompost, um die Erde feucht zu halten, ist günstig.

Abeliophyllum distichum, eine aus Korea stammende Pflanze, ist hierzulande kaum bekannt. Wahrscheinlich konnte sie sich wegen ihrer geringen Frostbeständigkeit nicht sehr verbreiten. Um in den Genuß ihrer nach Mandeln duftenden Blüten zu kommen, muß sie auch in milden Klimaten an einen

geschützten Platz in der Nähe einer warmen Mauer gepflanzt werden. Obwohl sie nicht zu den Kletterpflanzen zählt, sollte man ihr Stützen geben, und an einem idealen Standort kann sie über 2 m hoch werden. Sie ist eng verwandt mit der Forsythie und ihre weißen, rosa überhauchten Blütenbüscheln sehen dieser sehr ähnlich. Ihre Blütezeit ist der Spätwinter. Sie gedeiht in jeder Erde, außer alkalischer. Ein regelmäßiger Rückschnitt der verwelkten Blüten ist empfehlenswert.

Azaras sind hübsche immergrüne Sträucher aus Chile und Argentinien und dementsprechend nur an klimatisch günstigen Standorten zu kultivieren. Gibt man ihnen jedoch die richtigen Bedingungen und einen Winterschutz, sind sie mit ihren kleinen glänzenden ovalen Blättern und den nach Vanille duftenden Blüten eine gute Ergänzung in einem winterlichen Duftgarten. Die blaßgelben Blüten erscheinen in üppiger Fülle von Januar bis März. *Azara dentata* wird bis 3 m hoch und benötigt eine gut geschützte Lage. Die Wintertemperaturen sollten nicht unter −5°C sinken. Sie läßt sich gut als Kübelpflanze in kühlen Wintergärten ziehen. Die Art *A. microphylla* ist die widerstandsfähigste und am stärksten duftende. 'Variegata' ist eine ähnliche Sorte mit panaschierten Blättern. Außer dem Zurückschneiden frostbeschädigter Zweige und ge-

Viel zu wenig bekannt ist die duftende *Sarcococca confusa*. Ein wunderbares winterblühendes Gehölz.

legentlichem Auslichten brauchen Azaras keinen Schnitt. Vermehrt werden sie über Grünstecklinge im Frühling oder Sommer.
Andere immergrüne sehr anspruchslose Pflanzen sind Sarcococcas. Beheimatet in China und dem Himalaya sind sie ziemlich winterharte und nützliche Pflanzen für schattige Plätze in einem kleinen Garten. Sarcococcas, auch Schleimbeeren genannt, gehören zur Familie der Buchsbaumgewächse. Sie bilden dichtlaubige hübsche Sträucher mit zahlreichen winzigen Blüten. Weibliche und männliche Blüten stehen zusammen in kurzen Büscheln. Interessant sind Sarocococcas vor allem wegen ihre weißen Kelchblätter und den nach Vanille duftenden Staubgefäßen an den männlichen Blüten (die Blütenblätter fehlen). Die schwarzen fleischigen Beeren bleiben manchmal am Strauch hängen bis die neuen Blüten erscheinen. Die Pflanzen wachsen gut im Schatten in humoser tonarmer Erde und vermehren sich rasch über halbverholzte Stecklinge. *Sarcococca confusa* verströmt einen so intensiven honigähnlichen Geruch, daß ich den Duft des Strauches von Ende Januar bis Ende Februar noch aus 10 m Entfernung wahrnehmen kann. Die Äste eignen sich auch als Schmuck für die Vase, weil der starke Vanilleduft lange Zeit anhält. *S. confusa* ist die Art, die am höchsten wächst, auch sie bildet einen dichten Busch. Die Pflanze in meinem Garten ist allerdings eher ein buschiger Baum (1,8 m), wahrscheinlich, weil ich die unteren Zweige immer entfernte, damit sich Farne und Schneerosen besser ausbreiten konnten. Sarcoccas vertragen nur bis etwa –10 °C Frost, daher sollten sie an eine wärmende Mauer gepflanzt werden. *S. ruscifolia* blüht später und hat rahmfarbene Blüten und rote Beeren, der Strauch wird nur 1 m hoch.
Das sommerliche Geißblatt ist den meisten Gartenliebhabern bekannt. Wenige aber kennen die winterblühenden Arten von *Lonicera*. Zugegeben, diese sind weniger auffallend und wenn Väterchen Frost im Spätwinter zu sehr daran gerüttelt hat, sehen die zarten Blüten enttäuschend aus. In einer geschützten Lage und einem milden Winter oder in einem Wintergarten duften diese Loniceras aber wunderbar süß. Manchmal reifen auch rote, gelbe, blaue oder weiße Beeren heran. Zu den besten winterharten Arten gehören *Lonicera fragantissima*. Sie wächst in jedem Boden in leichtem bis mittlerem Halbschatten. Die Zweige sind aufrecht, breiten sich mit zunehmendem Alter etwas aus. An fast kahlen Zweigen erscheinen die stark duftenden Büschel cremeweißer Blüten vom späten Herbst bis Spätwinter. In milden Wintern oder im Wintergarten folgen ihnen rote Früchte. *L. standishii* ist eine ähnliche, etwas niedrigere Art und wird manchmal wegen ihres starken Duftes an einer warmen Mauer gezogen. *L. standishii* blüht weiß. Beide Arten lassen sich im Spätsommer über verholzte Stecklinge vermehren.
Mahonien sind immergrüne Gehölze, die mit den Berberitzen zwar verwandt sind, aber völlig anders aussehen und auch bedeutend größer werden als jene. Die Blätter der Mahonien wachsen an kräftigen Stielen, sind glänzend dunkelgrün, gezahnt und haben dornige Spitzen. Die aufrecht gelben Blütentrauben

sind endständig und können eine Länge von 20 cm erreichen. Umgeben von einem Kranz grüner Blätter sind sie sehr dekorativ. Wenn Mahonien auch nicht ganz so frostresistent wie Berberitzen sind, so überwintern sie doch an einem geschützten Platz im Freien.

Am schönsten sehen Mahonien als Solitärpflanze aus. Aber sie gedeihen erstaunlicherweise auch unter überhängenden Bäumen noch recht gut, vorausgesetzt die Erde ist nahrhaft.

Die winterblühenden Sorten sind bei Kennern sehr gefragt, ganz besonders die asiatische *Mahonia japonica* und *M. bealei*. Beide Sorten tragen kräftige gelbe Blütenrispen, die nach Maiglöckchen duften. Manchmal werden beide verwechselt, obwohl *M. japonica* mit ihren langen gefiederten Blättern (bis zu 40 cm) und ihren überhängenden Trauben duftender Blüten die bessere Sorte ist. Für rauhe Klimagebiete ist sie allerdings nicht geeignet. Ebenfalls im Winter blüht *M. lomariifolia* eine chinesische Art mit hellgelben Blüten und dornigen Blättern, die manchmal 60 cm lang werden können. Eine reichblühende Hybride davon ist 'Charity' mit etwas blasseren Blüten und die außergewöhnliche 'Lionel Fortescue', die sehr dichte Gruppen gelber duftender, bis 60 cm lange Blütenähren bildet.

Auch viele Seidelbastarten sind sehr wohlriechend, aber nur wenige darunter winterblühend. Eine Ausnahme ist der winterfeste *Daphne mezereum*, ein

Blüte des winterblühenden Geißblattes *Lonicera fragantissima*.

laubabwerfender Busch mit aufrechten Zweigen und stark durftenden purpurroten Blüten an blattlosen Stielen. Seidelbast blüht im Spätwinter, in milden Gegenden schon etwas früher. Die roten Beeren, die wie Johannisbeeren aussehen, sind für einige Vögel harmlos, für die meisten anderen Tiere und den Menschen jedoch giftig. Seidelbast ist eine europäische Pflanze, die normalerweise durch Aussaat vermehrt wird. Will man jedoch Jungpflanzen aus gekauften Samen heranziehen, muß man sich lange gedulden: die Keimdauer beträgt 2 Jahre. Frische Samen, die sofort nach der Reife auf die Erde fallen, keimen dagegen schon im darauffolgenden Frühjahr. In der freien Natur wird Seidelbast durch die Vögel verbreitet. Eine andere Art der Vermehrung ist es, halbverholzte Stecklinge im Juli zu nehmen. Von Seidelbast gibt es verschiedene Sorten mit unterschiedlichen Schattierungen der rosafarbenen Blüten, sowie eine weiße Form 'Bowles White'.

Das duftende Winterheliotrop *Petasitis fragans*, das in günstigen Lagen schon im Februar blüht, ist eine wildwachsende Pflanze, die für Hecken oder sehr naturbelassene Gartengrundstücke geeignet erscheint. *P. fragans* gehört zur Familie der Gänseblümchen. Ihre lila-purpurfarbenen Blütenbüschel erscheinen an 20 cm hohen Stielen und bilden zusammen mit den rundlichen Blättern einen dichten Bodendecker.

Unter den Zwiebelpflanzen, die schon im Winter blühen, ist vor allem *Crocus*

Seiten 146–147
Links: Seidelbastblüten.

Rechts: Ein frühblühender Krokus, *Crocus chrysanthus*.

Unten: Eindrucksvolle Winterblüher sind Mahonien, hier *Mahonia lomariifolia* 'Charity'.

chrysanthus mit seinem honigsüßen Duft zu nennen. Diese Krokusse öffnen ihre Blüten manchmal schon im Spätwinter, sofern die Schneedecke nicht mehr zu hoch ist.

Winterlicher Duft im Haus

Für Stauden ist der Winter keine gute Jahreszeit, wenn sie nicht an einem Platz stehen, wo Wind, Frost und Schnee ihrem krautigen Wuchs nichts anhaben können. Mit einem Gewächshaus kann man sich jedoch ein bißchen Frühling ins Haus holen und duftende Zwiebelpflanzen können auch in einer Schale im Zimmer gezogen werden. Hyazinthen, duftende Narzissen, übrigens auch Tulpen, Anemonen, Zwiebeliris, Scilla und andere Zwiebelblumen kann man im Haus antreiben und zur Blüte bringen. Kaufen Sie aber nur Zwiebeln, die speziell für die Treiberei geeignet sind. Die Zwiebeln werden in einen mit normaler Blumenerde gefüllten Topf gepflanzt, und zwar so, daß die Spitzen der Zwiebelchen gerade auf derselben Höhe sind wie der Topfrand. Die Zwiebeln sollen nicht dicht gequetscht in den Blumentopf gezwängt werden, das fördert Krankheiten und Fäulnis, lassen Sie lieber etwas Platz zwischen ihnen. Der Topf muß etwa drei Monate dunkel und kühl, z. B. im Keller, aufgestellt werden, damit sich die Wurzeln ausbilden können. Haben die Zwiebeln schon einige Zentimeter ausgetrieben, dürfen die Töpfe ins helle, warme Zimmer. Damit die Pflanzen nicht einen »Wärmeschock« erleiden, ist es günstig, die Töpfe ein paar Tage hell, aber noch nicht so warm aufzustellen. Nach weiteren zwei bis drei Wochen können Sie sich an duftenden Blüten erfreuen.

Auch der schwer duftende *Jasminum polyanthum* bringt im Winter eine weiße Blütenfülle im Gewächshaus oder an der Fensterbank. Wenn Sie einen Jasmin im Winter zum Blühen bringen wollen, dann müssen Sie beachten, daß die Pflanze eine gewisse Kühleperiode braucht, um viele Knopsen anzusetzen. Sträucher, die ganzjährig warm im Zimmer stehen, bringen nur sehr wenige Blüten. Stellen Sie also Ihren Zimmer-Jasmin im Herbst für einige Wochen in den Garten oder auf den Balkon. Frost sollte die zimmerverwöhnte Pflanze natürlich nicht abbekommen, Kühle und schlechtes Wetter schaden gewöhnlich nicht. Allerdings dürfen Sie ihn nicht in die pralle Sonne stellen – er würde unweigerlich einen Sonnenbrand bekommen. Wenn Frostnächte drohen, dann ist es Zeit, den Jasmin an eine sonnige Fensterbank zu stellen, die ersten Knopsen werden sich bald zeigen.

Duftende Rezepte

Der Garten von Pusey House, Wiltshire

Auch wenn man sich ein Gartenparadies geschaffen hat, das zu jeder Zeit duftet, so muß man doch im Winter-Halbjahr die meisten Stunden im Haus verbringen. Was ist verlockender als sich Düfte ins Haus zu holen. Der Hauch des Frühlings oder der Duft der Rosen läßt einem dann die kalten Tage viel angenehmer erscheinen.

Pommander

Dies ist eine sehr liebenswürdige Duftidee, die rasch herzustellen und vor allem in der Vorweihnachtszeit ein wunderbares Mitbringsel ist. Pommander waren ursprünglich um den Hals getragene, hübsch verzierte Kugeln, die mit kostbaren Gewürzen gefüllt waren. Sie schützten vor üblen Gerüchen.
Zur Herstellung eines »modernen« Pommanders benötigen Sie Orangen oder Zitronen mit dünner Schale, ganze Gewürznelken und eine Gewürzmischung bestehend aus Zimt und Iriswurzelpulver zu gleichen Teilen (Iriswurzelpulver erhält man in der Apotheke).
Von der Frucht wird in beiden Richtungen ein schmaler Streifen abgeschält. Die beiden Hälften werden nun dicht mit Gewürznelken bespickt. Zum Spicken kann man sich eine dünne Stricknadel zu Hilfe nehmen. Anschließend wird die Orange in der Gewürzmischung mehrmals gerollt, und in Seidenpapier gewickelt, wird der Pommander zur »Reifung« warm und trocken aufbewahrt. Je nach Fruchtgröße dauert dies zwischen fünf und sechs Wochen. Erst wenn die Frucht hart geworden ist, kann das überschüssige Gewürzpulver entfernt werden. Die beiden ausgeschnittenen Streifen werden mit einem Band umwickelt und der Pommander daran aufgehängt.

Potpourri

Ein Potpourri ist ein Gemisch aus verschiedenen Blüten oder Kräutern, vermengt mit anderen Essenzen. In dekorativen Schalen aufbewahrt erfüllt es mit seinem Duft den Raum. Es gibt sehr viele verschiedene Rezepte für Potpourris und es bleibt dem persönlichen Geschmack überlassen, welche Duftmischung man zusammenstellt. Vermengen Sie nun je nach Wunsch die Ingredenzien, jedoch sollten die stark duftenden die anderen nicht übertönen. Das Potpourri würde dadurch seinen blumigen Charakter verlieren.
Wichtig für gutes Gelingen ist, daß alle Blüten und Blätter bester Qualität sind. Das heißt, wenn Sie sich Ihr Potpourri selbst herstellen, sollen die Zutaten sorgfältig geerntet werden. Alle grünen Pflanzenteile, Sprossen und Augen müssen vorher entfernt werden. Die Pflanzen werden dann auf saugfähigem Papier oder auf Rosten getrocknet. Bei Blumen mit gefüllten Blüten (z. B. Rosen) trocknet man jedes Blütenblatt einzeln.
Um den Duft zu halten, muß die Mischung fixiert werden. Dazu stehen sowohl pflanzliche als auch tierische Fixative zur Verfügung. Das gebräuchlichste ist Iriswurzelpulver (1 Eßlöffel auf 1 Liter getrockneter Blüten). Kalmusöl, aus

den Rhizomen der Kalmuswurzel gewonnen, kann ebenfalls verwendet werden. Andere Fixative sind Moschus, ein Hormon aus den Drüsen des Moschushirsches, Civet, ebenfalls ein Hormon, gewonnen von der Zibetkatze, und Amber, ein Stoffwechselprodukt des Pottwals, das an der Meeresoberfläche schwimmt. Moschus muß sehr sparsam verwendet werden. Nicht mehr als 1 Tropfen Moschusöl in 10 g Alkohol gelöst auf das Potpourri träufeln.
Die Mischung wird nun in eine Papiertüte an einem dunklen Ort zwei Wochen lang aufbewahrt. In dieser Zeit reift das Potpourri und kann anschließend in ein schönes Gefäß gefüllt werden.

Trockener Potpourri
Vermischen Sie gut getrocknete Rosenblüten oder Blätter, Balsamkraut, Majoran, Lorbeerblätter, Rosmarin, Lavendel, Nelken, Zitronen-Verbenen und Eberraute. Zerstoßen Sie diese Mischung zu Pulver und fügen etwas Moschus, Nelken und Iriswurzelpulver hinzu.

Fermentierter Potpourri
Geben Sie getrocknete Rosenblüten, Blüten von Jasmin, Nelken, Lavendel und Geißblatt zu gleichen Teilen in eine große Schüssel. Fügen Sie getrocknete Blätter von Weinrose, Zitronen-Verbene, Balsamkraut, Rosmarin, Majoran, Geranium und Eberraute hinzu, so daß ein Verhältnis Blätter zu Blüten 1:4 entsteht. Vermengen Sie diese Zutaten gut und ergänzen Sie sie mit getrockneter Orangen- und Zitronenschale, 25 g Iriswurzelpulver und je ½ Eßlöffel (2,5 ml) Zimt und Nelken sowie 1 Prise Muskatnuß und Sandelholzpulver.
Nun schichten Sie diese Mischung in ein großes Gefäß ca. 5 cm hoch und bestreuen sie diese mit Salz. Diese Prozedur so lange wiederholen, bis der Topf voll ist. Der Dufttopf wird nun 1 Woche lang verschlossen aufbewahrt. Gelegentlich muß umgerührt und die Flüssigkeit abgeschüttet werden. Will man den Duft etwas strenger, kann man Nelkenöl oder Bergamotteöl sparsam hinzufügen, auch Lavendelöl oder Eau de Cologne erfüllen denselben Zweck. Hat man nicht genügend getrocknete Blüten zur Hand muß der Dufttopf mit einem Deckel beschwert zugedeckt fermentieren.
Nach abgeschlossener Fermentierung kann das Potpourri in kleinere Gefäße gefüllt werden. Um in den Genuß des Duftes zu kommen, braucht man nur den sonst verschlossenen Topf zu öffnen.
Potpourris niemals in Plastikgefäßen aufbewahren, sie würden ihren Duft einbüßen. Zum Auffrischen eines Potpourri braucht man nur einige Tropfen Alkohol hinzufügen, umrühren und das ganze einige Tage ziehen lassen.

Duftwässer

Duftwässer sind eine köstliche Mischung aus duftenden Blüten oder Kräutern, Alkohol und Wasser. Sie lassen sich leicht zu Hause herstellen und sind herrliche Badezusätze oder eine willkommene Ergänzung auf dem Kosmetik-

tisch. Eine Flasche mit duftendem Rosen- oder Lavendelwasser ist auch immer ein passendes Geschenk und für viele Gelegenheiten verwendbar. Ein paar Tropfen zur Wäsche gibt dieser einen aparten Duft. Auch für Haarspülungen oder einfach nur, um dem Raum Duft zu verleihen, sind Duftwässerchen willkommen. Hier ein Rezept für ein Lavendelwasser aus dem Jahr 1813:
Alkohol 1 Liter, Lavendelöl 14 ml, Amber-Essenz 7 ml, Bergamott-Essenz 14 ml. Einige Tropfen Moschus, wenn vorhanden. Alle Zutaten zusammen in einer Flasche gut schütteln und einige Monate zur Reifung verschlossen lassen.

Duftkissen und Duftsäckchen

Ein duftendes Kräuterkissen oder ein Säckchen mit duftenden Blüten gefüllt, kannten auch schon unsere Vorfahren. Sie glaubten an die heilende und beruhigende Wirkung mancher Pflanzen und füllten die Matratzen mit duftenden Gräsern oder verstreuten wohlriechende Kräuter im Haus. Es gab Zeiten, da trug man solch ein Duftsäckchen immer mit sich, um sich vor Krankheiten zu schützen oder einfach um schlechte Gerüche der Umwelt zu übertönen.
Heute erinnert man sich wieder an diese liebenswürdigen Duftspender. Man kann sie sich an seinen Lieblingsstuhl hängen oder neben das Kopfkissen legen. Die Kräuter wirken beruhigend, der süße Duft der Lieblingsblumen entspannt auf wunderbare Weise. Gestreßten Menschen sind Duftkissen besonders zu empfehlen.
Für solch ein sanftes Ruhekissen empfehle ich folgende Ingredenzien: Getrocknete Hopfenblüten, Rosenblütenblätter, Zitronenverbene, Minze, Lavendel, Thymian, getrocknete Orangenschale, Zimt, süße Geraniumblätter, Iriswurzelpulver. Alle Zutaten gut zerrebeln und vermischen, bevor man sie in Säckchen oder Kissen aus Musseline oder klein gemusterten Stoff füllt. Mit einem passenden Band versehen, sind sie zauberhafte Geschenke.
Hier nochmals ein sehr altes Rezept für ein besonders schlafförderndes Kräuterkissen aus dem Jahre 1606. Man nehme: getrocknete Rosenblütenblätter, pulverisierte Minzeblätter, Gewürznelken, pulverisiert. Vermenge diese Zutaten gut und fülle sie in ein kleines Säckchen, das man mit ins Bett nimmt. Es bringt guten Schlaf und ist zu jeder Zeit ein angenehmer »Wohlgeruch«.

Mottensäckchen

Kräuter waren von jeher schon ein guter Mottenschutz. Ganz besonders gilt dies für die Eberraute, die bei einem Mottensäckchen nicht fehlen darf.
Zerreiben Sie gut getrocknete Rosmarinblätter, Minze, Thymian und Eberraute. Mischen sie je 2 Teile Rosmarin und Minze mit je 1 Teil Thymian und Eberraute, und füllen Sie damit kleine Säckchen aus einfachem Stoff. Zugebunden werden sie zwischen Wäsche und Wollsachen gelegt.
Damit sie immer stark duften und damit wirksam bleiben, sollte man sie jedes Jahr neu füllen. Man kann aber auch mit einigen Tropfen Duftöl die Säckchen auffrischen.

Eine Auswahl duftender Pflanzen

Fliederblüten

Botanischer Name	Deutscher Name	Duft
Winterblüher		
Azara dentata	Azara	süß
Chimonanthus praecox	Winterblüte	veilchenartig
Crocus chrysanthus	Krokus	Primeln
Daphne mezereum	Seidelbast	Veilchen
Hamamelis mollis	Zaubernuß (verschiedene Sorten)	stark nach Veilchen
Lonicera fragantissima	Winter-Geißblatt	Honig
L. standishii	Winter-Geißblatt	Honig
Mahonia japonica, M. lomariifolia	Mahonie	süß
Petasites fragans	Winter-Heliotrop	süß
Viburnum farreri (früher *V. fragans*)	Winter-Duftschneeball (und andere Arten)	reich
Duftrasen		
Anthemis nobilis	Römische Kamille	stark nach Kamille
Calamintha acinos (Acinos alpinus)	Bergminze	Minze
Mentha requienii	Korsische Minze	Minze
Thymus serpyllum	Quendel oder Feldthymian (in Sorten)	scharf aromatisch
Zimmerpflanzen		
Cytisus canariensis	Ginster	zart duftend
Gardenia jasminoides	Gardenie	stark duftend
Jasminum polyanthum	Echter Jasmin	Jasmin
Pelargonium	Duftblatt-Pelargonien (verschiedene Arten)	Rosen, Ingwer, Minze
Primula malacoides	Fliederprimel	Primel
Stephanotis floribunda	Madagaskar Jasmin	reich

Botanischer Name	Deutscher Name	Duft

Nachtduftende Pflanzen

Heliotropium arborescens	Heliotrop	würzig
Hesperis matronalis	Nachtviole	Nelken
Matthiola bicoris	Gemshorn	Nelken
Nicotiana alata	Ziertabak	süß
Oenothera biennis	Nachtkerze	Vanille

Duftende Pflanzen für Blumenkästen und andere Töpfe

Anthirrhinum majus	Löwenmaul (verschiedene Sorten)	süß
Calendula officinalis	Ringelblume	scharf
Lilium	Lilien (verschiedene Arten und Sorten)	stark, süß
Lobularia maritima	Steinkraut	Heu
Matthiola incana	Levkojen	stark nach Nelken
Nicotiana x *sanderae*	Ziertabak	süß
Reseda odorata	Reseda	süß und stark
Tropaeolum majus	Kapuzinerkresse (verschiedene Sorten)	süß

Sträucher mit duftenden Blättern

Artemisia	Eberraute	herb-zitronenähnlich
Cistus ladanifer, C. laurifolius	Zistrosen	süß-aromatisch
Lippia citriodora (Aloysia triphylla)	Zitronenverbene	Zitrone

Winterfeste Pflanzen und Sträucher mit duftenden Blättern

Geranium macorrhizum	Geranium	aromatisch
Mentha	Minze	Minze
Rosmarin officinalis	Rosmarin	aromatisch
Salvia officinalis	Salbei	aromatisch
Santolina chamaecyparissus	Heiligenkraut	scharf würzig
Thymus	Thymian (die meisten Arten)	würzig, zitronenähnlich

Botanischer Name	Deutscher Name	Duft

Duftpflanzen für schwere, lehmige Böden

Iris germanica	Bartiris	fruchtig
Osmanthus delavayi	Osmanthus	Vanille
Philadelphus californica	Falscher Jasmin	stark, süß
Poncirus trifoliata	Bitterorange	Orangen
Skimmia japonica	Skimmia	stark
Syringa vulgaris	Flieder	süß, stark
Viburnum carlesii	Schneeball	Nelken
Viburnum farrerii	(viele Arten)	

Duftende Schnittblumen

Alstroemeria-ligtu-Hybriden	Perulilie	ähnlich Reseda
Calendula officinalis	Ringelblume	streng
Cheiranthus cheiri	Goldlack	schwer
Chrysanthemum	Chrysanthemen	harzig
Hyacinthus	Hyazinthen	schwer, süß
Iris germanica	Bartiris	fruchtig
Iris unguicularis	Algerische Iris	zart, süß
Lathyrus odoratus	Duftwicken	süß, nach Vanille
Lilium regale	Königslilie	schwer
Narcissus	Narzissen (viele Arten)	süß
Paeonia lactiflora	Pfingstrosen	Rosen
Rosa	Rosen (viele Arten und Sorten)	von süß bis aromatisch
Tropaeolum majus	Kapuzinerkresse	süß würzig

Pflanzen, die nach dem Trocknen duften

Acorus calamus	Kalmus	aromatisch (Rhizome)
Dictamnus albus	Diptam	aromatisch (Samenstände)
Galium odoratum (Asperula odorata)	Waldmeister	Heu (Blätter)
Iris florentina	Iris (Veilchenwurz)	Veilchen (Rhizome)

Botanischer Name	Deutscher Name	Duft

Pflanzen mit aromatischen Rinden oder Wurzeln

Asarum canadense	Wilder Ingwer	Ingwer
Iris florentina	Iris	Veilchen
Glycyrrhiza glabra	Süßholz	lakritzeartig
Sedum roseum (S. rhodiola)	Sedum	Rosen

Duftende Kletterpflanzen

Akebia quinata	Akebia	süß
Clematis montana	Bergwaldrebe (einige Sorten)	Schlüsselblumen
Jasminum officinale	Jasmin	Jasmin
Lonicera japonica	Japanisches Geißblatt	Gardenia
L. periclymenum	Geißblatt	Honig
Passiflora caerulea	Passionsblume	zart
Rosa	Rosen	Rosen
Wisteria sinensis	Glyzinie	Vanille

Duftende Pflanzen für einen Wassergarten

Acorus calamus	Kalmus	aromatisch
Aponogeton distachys	Wasserähre	Vanille
Cotula coronopifolia	Laugenblume	Zitrone
Mentha acquatica	Wasserminze	Minze
Mimulus ringens	Gauklerblume	Minze
Nymphaea odorata	Duftende Seerose (auch tropische Arten und Sorten)	sehr süß und streng
Preslia cervina	Preslia	Minze

Pflanzen mit unangenehmem Geruch

Arum	Aronstab	Verwesung
Dranunculus vulgaris	Schlangenwurz	sehr unangenehm
Fritillaria imperialis	Kaiserkrone	muffig, streng
Heliodiceros muscivorus	Aronstab (Sorten)	Verwesung
Helleborus foetidus	Stinkender Nieswurz	faulig
Lysichtium americanum	Scheinkalla	nach Tier
Stapelia	Aasblume	faulig

Duftende Kübelpflanzen

Botanischer Name	Deutscher Name	Duft
Acacia dealbata	Mimosen	würzig
Exacum affine	Schopflilie	süßlich
Hoya carnosa	Wachsblume	Honig
Humea elegans	Weihrauchpflanze	Weihrauch
Jasminum polyanthum	Jasmin	süß
Nerium oleander	Oleander	zart, süß
Pittosporum tobira	Klebsame	Orangen, süß
Plumbago capensis	Bleiwurz	Vanille (Heliotrop)
Primula malaciodes	Fliederprimel	Primeln
Stephanotis floribunda	Kranzschlinge (Madagaskar Jasmin)	stark, süß
Datura suaveolens	Engelstrompete	schwer, süß
Nerium oleander	Oleander	süß
Pelargonium spec.	Duftpelargonien	verschieden, je nach Art und Sorte
Citrus limon	Zitrone	süß

Register